愛孩子，是一種修行

我和果果的趣味成長實錄

陳淑珍◎著

原書名：《我和果果一起成長》

序

養育孩子，是一場溫暖的修行

「媽媽」是這個世界上最美麗的稱謂。

在經歷了十月懷胎之苦後，媽媽露出了欣慰的笑容。同時，她也在不斷地告訴自己：「一定要把孩子撫育成人！」

雖然說「養不教，父之過」，但是在家庭教育中，媽媽才是當仁不讓的第一主角，所扮演的角色既是慈母又是嚴師。從孩子從呱呱落地到長大成人，一般情況下，他與媽媽生活在一起的時間最長，受媽媽的直接影響也最大。媽媽的一言一行，一舉一動，一個微笑，一聲怒罵，甚至一個微不足道的細節都會成為子女模仿的對象，並在潛移默化中左右著子女世界觀和人生觀的最初形成。

讓孩子成才是一項不能失敗的事業，但對於當今工作繁忙的年輕媽媽而言，教育好孩子更加不易。當白領媽媽遇到了新新人類的孩子，那些在自己身上屢試不爽的教育方式，在孩子的身上卻不斷遭遇挫折。面對孩子困惑的眼神，本以為最瞭解自己孩子的媽媽，如今卻無法讀懂孩子的內心了。這讓媽媽們感到無奈、疲憊、失去耐心，甚至心灰意冷。

媽媽和孩子，究竟是誰出現了問題？

其實，媽媽在教育孩子的時候，更需要學習和提高自己。這本就是一場溫暖的修行，許多方法都可以用來照顧和教育孩子——

首先，活在當下，與孩子同在，真正體會孩子的需求；接著是給予，不僅是給予物質，更重要的是付出妳的時間、注意力、苦心、愛和慈悲，關心另一個生命超過關心自己。當然，妳還要修忍辱，當孩子很吵鬧或妳想做其他事情時，妳不能把他像貓一樣放在門外，妳全部時間裡都要有他。同時，妳不要執著，應該學習如何培養開放的空間，讓孩子能夠成為自主的個體，不要黏附在他的身上。

有句教育名言說得好：媽媽在教育孩子的同時，也在進行自我教育。天下沒有教育不好的孩子，只有教育不好孩子的媽媽。所以，當媽媽遇到「不聽話」的孩子時，首先應該反思自己的過失，從改變自己做起，那麼教育之路上所遇到的障礙方能真正得到解決。

本書是作為媽媽的我不斷豐富自己、提升價值的精彩蛻變，也是一部用心血寫成的親子筆記。它濃縮了13年來對兒子果果的教養精華，分別從重新認識孩子，找到定位，改變自己，適時放手，以身作則，贏得支持六大方面來詳細闡述媽媽如何改變教育方式，如何才能真正做到瞭解孩子真實所需，做到因材施教。

因為本人才學有限，望各位讀者諒解指導。希望這本書能起到拋磚引玉的作用，給媽媽們一些解決問題的建議，使其能從中有所感悟！

Directory

Directory

第六章 贏得支持——不再把孩子的教育當成自己一個人的事

引言

果果改變了我

作為一個接受過高等教育，尤其還拿到了教育學博士學位的新時代知識女性，在我準備要孩子的時候，對於如何教育孩子的問題很有自信。我具備豐富的理論知識，擁有較強的學習能力，性格豁達開朗，在家裡可以將老公管理得服服貼貼，在職場上能夠把各方關係處理得井井有條，教好一個孩子自然不在話下。一旦上天賜予我一個寶寶，我一定能夠把他教育成一個具備各種優秀品質的人，既聰明又懂事、既認真又善良、既健康又快樂……

終於，我的小果果在我無限憧憬中降臨了。初為人母，並沒有想像中的從容淡定，這個柔弱的依賴著我生存的懵懂小傢伙經常讓我不知所措。問題似乎總是層出不窮。當果果還是個小嬰兒的時候，他哭鬧、吐奶、長濕疹、發燒、腹瀉、便秘……每當有異常狀況，全家人都緊張不已，作為媽媽，我總是又心疼又忐忑，不知道是不是出了什麼大問題。我抱著他問：「寶貝你怎麼了？」多希望他能告訴我，但是回應我的只有哭鬧。於是，我毫無方向地在書上、在網上尋找答案，並向有經驗的媽媽請教經驗，希望能在最短的時間內讓我的寶寶恢復正常。然而，眾說紛紜，弄得我焦頭爛額，最後我也不知該聽誰的。這時候才不得不承認，理論知識再豐富，在現實面前還是會顯得單薄了許多。

等到果果在我們的期盼中慢慢長大了，會說話了，會和我們交流了，我滿以為這下就好了，他不舒服或者有什麼想法可以說給我聽，我希望他怎麼做也可以說給他聽。我們可以建立朋友式的關係，一定能成為一對和睦的母子。我要讓我的孩子成為一個既有強健的體魄又有健康心靈的好孩子。但是，現實和理想還是有那麼多差距。當他活潑、好學、懂事、聽話的時候，我們能快快樂樂，相處融洽；可是當他情緒低落、大哭大鬧、發脾氣、不願上學、將我的話當做耳旁風時，我就沒辦法心平氣和，也會變得情緒惡劣。有時候無計可施，只能使用父母的權威，採取「高壓政策」來實現對他的教育。

我的自信在一次次的矛盾過程中逐漸被擊垮，這使我終於明白，我只是一個最普通、最平庸的媽媽。教育孩子是一個龐大而艱巨的工程，每個孩子都不一樣，沒有放之四海而皆準的理論。遇到問題之後，需要反思，需要總結，才能獲得寶貴的經驗，才能在教育孩子的過程中遊刃有餘。

是時候改變自己了！是時候好好學習了！

Chapter 1

重新認識孩子──原來我以前想錯了

不知道當媽媽的人是不是都會很自信地以為最瞭解自己的孩子，至少我是這樣一個母親。我把我的寶寶當成了生命中最重要的一部分，我對他的照顧可謂無微不至，他身體上的每一個細節我都瞭若指掌，恨不得連他有幾根頭髮我都知道。高興時什麼樣，生氣時什麼樣，難過時什麼樣……我都是一清二楚。有時候他為了達到某種目的，在我面前耍些小聰明，都會被我一眼識破。總之，天底下還有誰比當媽的更瞭解自己的孩子呢？不過，隨著時間的推移，我發現其實很多時候我都是自以為是。

1、他最喜歡的人不是媽媽

過於嚴厲的教育方法不僅會讓孩子產生叛逆和畏懼感，還會削弱親子間的依戀，實在得不償失。

難過：孩子最喜歡的家人是奶奶

我看過一則新聞，說一家問卷調查公司在某地區針對六至十兩歲的孩子進行了主題為「兒童之最」的調查研究活動，其中有一項是：在孩子的心中，誰是自己最喜歡的人。調查結果顯示，44.3％的孩子認為媽媽是自己最喜歡的人。我感到很詫異，44.3％這個比例是不是有點低？在我的印象中，小時候寫作文，大部分同學總會寫篇關於「我最喜歡的人是媽媽……」的文章，現在是多元化社會，難道孩子們喜歡的人也多元化了？

六歲時的果果還沒到會寫作文的年齡，我還不能從他的文字中看到「我最喜歡的人是我的媽媽……」，而且也沒有聽他說過。不過，我想果果心裡最喜歡的人，肯定是我這個媽媽啦！因為我是世界上最愛他的人，我生他養他，給他做好吃的，買好看的衣服，好玩的玩具，給他唱歌講故事哄他睡覺，給他拿書包送他上學……總之能為他做的我都做，而且都盡量做到好。這樣的媽媽，難道不應該是他最喜歡的人嗎？

小時候，大人們經常問他：「你喜歡爸爸還是媽媽？」、「你喜歡爺爺還是奶奶？」他好像知道大家是逗他，有時候會回答，有時候偏不說，有時候說都喜歡，還有一次他居然回答說：「我喜歡豆丁。」豆丁是誰呢？豆丁是他姑姑家的小狗狗！所以，對於他說喜歡誰之類的，我也不當真。小孩子對喜歡這個詞彙大概也沒什麼概念，哪知道自己喜歡誰呢？

果果六歲時，應該知道什麼是喜歡，自己喜歡誰、不喜歡誰心裡也應該是清楚的。他經常回家跟我們說他喜歡哪個老師，不喜歡哪個老師。但是現在大人們反而都不問他最喜歡誰了。

我決定驗證一下我的想法，就讓老公去問他。之所以我自己不去問，是因為我覺得如果我自己問的話，得出的結果會顯得不客觀。

果果正坐在他的小桌子前塗鴉，爸爸走過去坐他旁邊，看了一會兒，問：「寶貝，爸爸問你一個問題，你最喜歡的人是誰？」果果抬頭看了看爸爸，想了想，說：「我最喜歡李左右。」李左右是他的同學，樓上鄰居家的寶寶。他爸爸又問：「在我們家你最喜歡誰呢？」他又想了想說：「最喜歡奶奶！」「為什麼呢？」「奶奶不打我，也不罵我，帶我去麥當勞，還給我買玩具。」他的回答聽起來是認真的。可是我心裡卻酸溜溜的。

反思：是我的嚴厲讓我們產生了距離

孩子是最真實的，他們一向愛恨分明，毫不隱諱的。正因為如此，我才會對果果的回答耿耿於懷。雖然我也知道，在家裡我是打他最多、罵他最多的人，難道他感受不到隱藏在打和罵背後的濃濃愛意嗎？心理學研究顯示，三歲以後，孩子會意識到父母的重要性，尤其是媽媽。也許是天性，孩子會自發地認識到「媽媽」的存在，認識到這個人才是最愛自己、最願意為自己付出的人，此時的孩子應該和媽媽建立起了最密切的依戀關係。如果媽媽發現自己沒有跟孩子建立起應有的這種依戀關係，那恐怕要找一下自身的原因了。

仔細想想，果果最喜歡奶奶是因為奶奶帶他去玩，不打他，也不罵他，還帶他去麥當勞。在家裡，爺爺在任何事情上都是奶奶的助手，對待果果也是聽奶奶的；爸爸因為工作太忙常常沒有時間陪他，我呢，沒有那麼多時間帶他玩，做錯事情會罵他，有時候還會打他，不准亂吃零食，不准吃垃圾食品，不准……好像從小到現在，我都是那個「管」他的人；而奶奶是「寵」他的人，從來不「得罪」他，經常替他解圍。

當然，孩子必須得有人管，管教孩子也是愛孩子的一個重要方面。但是在反思之後發現，我可能之前在方式上出現了問題：一是管教的方面，我常常把自己的想法強加給他，引起他的反感。二是管教的態度，可能不夠細心、不夠溫柔，讓他產生了叛逆和畏懼感。另外，長期以來，在教育他的問題上，我都是扮演「黑臉」，也讓他對我產生了一種刻板印象了，認為媽媽就是專門和他作對的人，怎麼會最喜歡？

2、我不知道他有幾個好朋友

不要讓大人的價值觀污染了孩子純潔的世界。

慚愧：原來果果最好的朋友不是豆豆

一次在學校門口等果果放學的時候，碰到豆豆的媽媽也在那裡。我記得果果曾經和我說過，豆豆是他們班的學藝股長，成績很好，也是他最好的朋友。於是，我很熱情地跟豆豆媽打了招呼，並和她聊了起來。我誇獎豆豆成績好，還拜託她讓豆豆多多幫助我家果果，她也很客氣地誇獎我家果果聽話懂事。正說著，果果和幾個同學一起出來了，我拉著他的手跟豆豆媽媽說了再見就往家走。

我想起剛才遇到了豆豆媽媽，就問果果：「豆豆還是你們班上成績最好的同學嗎？」果果嗯了一聲，然後又補充說：「媽媽，我已經不和豆豆做好朋友了。」我很詫異，問他為什麼。

他說：「豆豆很驕傲，只喜歡和成績好的同學玩，還不喜歡幫助別人。」

「哦」，我心裡有點小失望，「那你現在最好的朋友是誰啊？」我接著問。

「媽媽，這個事情我現在不想告訴您。」小傢伙還跟我賣關子了。

我想起來我之前和他說過的交友準則：「要和班上功課好、品德好、個性好的孩子交朋友，不要跟那些愛打架、愛說髒話、老穿髒衣服的孩子玩。」果果為什麼不願意告訴我他的好朋友是誰？原因可能只有一個，就是違反了交友準則。那麼，他的好朋友到底是成績差還是愛打架、愛說髒話呢？可惜他不告訴我。

交友準則的由來

記得果果剛上幼稚園的時候，每天放學回來都會向我彙報小朋友們的事情，誰會唱歌，誰會跳舞，誰愛打架，誰家有個大狼狗……當然，所說的基本都是和他關係好的小朋友。我總是不怎麼理會，對小孩子的友誼也不當真，他們好的時候形影不離，因為爭一個玩具就互不搭理。但是我知道「近朱者赤，近墨者黑」，孩子跟什麼樣的人交朋友是一件很重要的事情。為了防止他學壞，我就給他制訂了「交友準則」。

果果上大班時，有一段時間，我發現他說話不時帶著髒字，甚至爆粗口。我責備了他，叫他不要說髒話，他卻反而問我：「我沒說髒話啊！什麼是髒話？」我意識到可能是他跟愛說髒話的小朋友一起玩跟人家學的，自己卻並不知道這樣不好。我找了老師瞭解情況，果然不出我所料，果果那段時間跟班上一個叫一鳴的小朋友很要好，經常一起玩，一鳴喜歡打架、罵人，特別調皮，老師都拿他沒辦法。

我覺得果果還小，是非觀念比較薄弱，分不清楚什麼行為是好，什麼行為是壞，做為媽媽在這個時候如果不採取行動，時間長了，他真就學壞了。於是，我很嚴肅地告誡他以後少跟一鳴一起玩，因為一鳴不是好孩子。

「可是一鳴經常幫助我，我和他一起玩，別人都不敢欺負我。」

「一鳴愛打架、愛罵人，根本就是個壞孩子，你要是不想變成大家都討厭的壞孩子，以後就少跟他一起玩。媽媽過一段時間再找老師瞭解情況，要是發現你還跟他一起玩，我可就不客氣了啊！」我覺得只有這樣才能讓他真正遠離調皮搗蛋的一鳴。果果倒也聽話，後來真的就不怎麼和一鳴在一起了。

從那以後，關於朋友的事情果果跟我說得也比較少了，加上我一向反對他帶小朋友回家，怕把家裡弄亂，也怕孩子們在家發生爭執，跟人家爸媽不好交代，果果的朋友們就漸漸淡出我的視線了。偶爾想起來就問問，有時也會找班導打聽打聽，都是成績不錯的聽話的好孩子，慢慢地也就不怎麼管這個事情了。

可是現在，他居然還不想跟我說了。

反思：大人的功利思想毀壞了孩子的友誼

孩子成長的每個階段都需要朋友。做為世界觀和價值觀都已定型的成年人，我覺得家長在指導孩子交友方面是應該有所做為的。但是從我的經驗來看，在這個過程中，父母不可操之過急，更不能主宰孩子的交友，實際上也無法主宰，因為孩子對付強制父母的辦法，是把真實的自己隱藏起來。父母得到的只是一個虛假表現，這樣就不可能真正瞭解孩子，更不能正確地解決問題。

再想想我跟果果訂立的交友原則，其實也是充滿了大人的功利思想，它違背了交友的根本目的，也玷污了友誼的純潔。人為什麼要有朋友？不就是為了能和志趣相投的人一起共度人生的時光嗎？孩子小的時候，能與自己欣賞和喜歡的人一起玩耍、一起學習，是多麼值得珍惜。等他長大，回憶起來心裡也會充滿溫暖。為什麼一定要和成績好、聽話的同學交朋友呢？成績不好、調皮的孩子身上也是有些優點嗎？如果孩子能在友誼中獲得快樂，得到成長，其實就是交到了好朋友。

3、無意中讓他傷心了

孩子首先是一個獨立的人，然後才是我們的孩子。

果果的寵物被我殺害了

和大多數小朋友一樣，果果從小就非常喜歡小動物。他幾次請求，想讓我也養隻小狗或者小貓。我覺得家裡養寵物太麻煩，就一直沒答應。我不願意養，他也沒有辦法。只是每當看到別人牽著小狗散步，他都目送好遠。

有一段時間，我發現他好像有什麼事情瞞著我，有時候會拿自己的零食獨自到陽臺上去吃，有時候躲在陽臺玩，還像是和誰在說話。經過我偷偷觀察，發現他說話的對象是一個小玻璃瓶。我趁他不注意的時候，拿到那個小瓶子一看，天啊！裡面有一隻蟑螂。這麼髒的東西，他居然拿來當寵物養，萬一傳染什麼疾病可怎麼辦？我毫不猶豫地把蟑螂倒出來，用腳踩死了，連同那個瓶子，一起扔進了垃圾桶。

果果回到家，找不到他的瓶子，急得直哭。沒辦法，我只好跟他說了實話。他哭得更厲害了，邊哭還邊說「媽媽是壞蛋」，絲毫不理會我跟他講的蟑螂有多髒有多惡的話。他奶奶把他拉進房間安慰了好久，還許諾幫他再養一隻小動物，他才停住了哭。

此後好幾天，小傢伙一直悶悶不樂，有時候還到陽臺上默默待一會兒。

果果的第兩次養寵物經歷

奶奶幫他再養一隻小動物的許諾遲遲沒有兌現。原因是我真沒想好要養什麼。小貓、小狗之類的絕對不行，餵養太麻煩，還會掉毛，弄的家裡很髒。金魚倒是不錯，還好看，但總要換水也麻煩，家裡也沒有地方放魚缸。

有一天，果果的奶奶買菜回來的路上見有人賣小烏龜，聽人家說很好養，就給他買了兩隻，放在小玻璃缸裡面。果果回家見了小烏龜，歡呼雀躍，喜歡得不得了，每天回家的第一件事就是看看他的小烏龜，還給小烏龜取了名字。蟑螂被我弄死帶來的傷害看似徹底治癒了。

小烏龜就是好養，生命力還很頑強。果果有一次不小心把烏龜摔在了地上，烏龜就把腿腳和腦袋都縮進殼裡。果果捧起烏龜，急得大叫：「媽媽，小烏龜被我摔死了！」我趕緊跑去看，捧在果果手心的小烏龜慢慢伸出小腦袋，好端端的，一點都沒事。果果高興得又蹦又跳。

果果還經常給烏龜餵食，就像是他的任務一樣。冬天的時候烏龜冬眠了，整天一動不動，果果擔心極了，以為烏龜生病了。我趁機給他補充了一些關於動物冬眠的知識，他聽得津津有味。

反思：尊重孩子付出的愛

「蟑螂事件」弄得我很愧疚。當我殺死那隻蟑螂的時候，真的沒想到會讓果果那麼傷心。在果果悶悶不樂的那幾天，我想了很多。我深刻地反省自己的所作所為，發現自己是多麼殘忍。在我們大人看來，蟑螂就是髒、噁心、害蟲的代名詞，但是果果沒有這樣的概念。他還不知道什麼是害蟲，不知道被他當成寵物的這個小動物有多大危害。他對牠傾注了感情，付出了愛；牠給他帶來了滿足感和喜悅。而我，毫不留情地破壞了這一切。

果果他們這一代孩子，幾乎都是獨生子女。在學校還好，有同學和朋友，但是回到家沒有夥伴，顯得很孤單。我又不喜歡他到其他小朋友家玩，也不怎麼願意讓他帶小朋友來我家玩，所以很多時候我們大人有事情要做，他就只能一個人擺弄自己的玩具，一個人拿著畫筆塗鴉，想想他心裡多麼孤獨啊！

養隻小動物，其實就是給他找個玩伴，讓他孤單的時候有個寄託，還能培養他的愛心和責任心。如果我早點想到這些，他也不會拿一隻蟑螂當寵物了。

透過「蟑螂事件」，我也意識到果果是一個很有愛心的孩子。相較之下，我這個做媽媽的在這件事情上顯得有些「冷血」了。殺死果果的「寵物」固然是考慮不周，如果能站在果果的立場來解決這個問題，可能也不會讓他那麼傷心。當他看不到寵物到處找的時候，我運用一些技巧來跟他說這件事情，比如告訴他這隻蟑螂想去找自己的媽媽，我送牠回家了，果果聽了是不是就不會那麼難過了？

4、最貴的禮物不是最好的禮物

讓獎勵留在孩子的記憶深處，才能產生久遠的作用。

果果過了一個不怎麼開心的兒童節

大多數像他這個年齡的小朋友一樣，果果每年都有幾個固定可以收到禮物的日子，分別是過新年、兒童節、生日。還有一些時候，為了獎勵他做到某些事情，比如幫媽媽做家事，在學校得了獎勵之類的，我們也會買一些禮物給他。平時我們出門，看到什麼好玩的也會想著買給他。

日積月累，果果的禮物越來越多，有時候我收拾的時候都不知道往哪裡塞。更煩惱的是，每當過節或者他生日的時候，不知道給他買什麼禮物好。當然也會徵求他的意見，但小孩子的奇思妙想又不是那麼容易實現的，有時候我覺得他說的不合理也不會按照他的想法去辦。記得去年生日，問他想要什麼禮物，他說要一個飛天掃帚——看《哈利波特》影響的。

今年兒童節前幾天，我讓果果先想想要什麼禮物。果果想了幾天，說他想要和爸爸媽媽一起去海洋館，因為他們好多同學都和爸爸媽媽一起去過了，還拍了好多照片。

我和他爸爸聽了都很為難，因為兒童節那天我們抽不出時間來陪他。但是我想，到時候讓爺爺奶奶陪他去玩，然後再給他買一個他之前想要的遙控飛機做為補償，應該會讓他很高興的。

兒童節前一天晚上，我跟果果解釋說我和爸爸有很重要的事情要處理，所以不能陪他去海洋館了，讓爺爺奶奶陪他去。然後，我給他拿出遙控飛機。小傢伙聽了我的話有些悶悶不樂，但看到飛機就高興起來了。第二天一早我就上班了，下午回來果果已經在家了，一個人在玩遙控飛機。我問他玩得怎麼樣，他說好玩。但我感覺他不像是特別高興，要是高興的話，早就迫不及待跟我講一天的見聞了。

問他奶奶，奶奶說果果在海洋館玩得挺高興的，回來之後情緒就不怎麼高了。我就問果果在海洋館都看到什麼了，他就給我講，看到大鯊魚、小丑魚、美人魚……「可是，我本來想拍很多照片，可以帶給小朋友們看的，可是爺爺和奶奶沒有拍照！」

哦，原來不高興是這個原因。的確，沒有留下照片是很遺憾，小孩子都喜歡跟朋友們炫耀，沒有照片為證，怕別人不相信他。我安慰他說下次爸爸媽媽一定再帶你去一次，拍很多照片。

他聽了，問我：「下次媽媽和爸爸不用上班嗎？」我真不知道該怎麼回答他。因為我不敢保證下次就能不上班陪他好好玩一天。

最好的禮物是讓他最開心的禮物

果果最喜歡的東西是我們自己做的一個陶罐子。本色的罐子上，有果果親手畫的小魚花紋。那是果果四歲生日的時候，我和他爸爸在一個朋友的介紹下，帶他參加一個自製陶器的親子活動，一起做的。客觀地說，那個罐子做得不是很漂亮。但可能都是第一次做陶器，雖然做得還是有些粗陋，但在當時到場的十二個家庭的作品裡，我們還得到了優秀獎。活動舉辦者給獲獎的小朋友發了一個別緻的小獎牌（其實每個孩子都有獎品的），還給我們拍了一張全家福。果果戴著那個獎牌站在我和他爸爸中間，笑得特別燦爛。

活動過後大概一週左右，罐子燒製好了，被放在漂亮的包裝盒裡送到家。果果一定要把它放在客廳最顯眼的位置。還有照片，果果也要我裝在相框裡放在罐子的旁邊。家裡來客人了，果果就要跟別人介紹：「這是我自己做的……」

反思：禮物不一定要用錢買

有時候看到果果那麼多好玩的玩具，那麼多漂亮的衣服，我真挺羨慕他的。比起我小時候，他真是太富足了。記得那時候，我經常穿姐姐的舊衣服，玩具幾乎沒有。偶爾媽媽給買件新衣服，那心情就跟過年似的，穿在身上小心翼翼的，生怕弄髒。

但是現在的孩子似乎越富足越不容易滿足，平常的禮物已經很難取悅他們了。反思一下，是不是我們對禮物的理解出現了偏差？似乎說起禮物，我們就想到要去商店買。可是對物質上已經很豐富的孩子們來說，買來的禮物越來越缺乏激勵作用了。所以，如今的父母們，是不是應該從注重「物質禮物」轉向用心準備的「精神禮物」呢？想到這裡，我想起了心理學上的一個研究。

心理學家曾做過這樣的實驗：挑選了一些愛繪畫的孩子分為Ａ、Ｂ兩組。Ａ組孩子得到許諾：畫得好，就給獎品，Ｂ組孩子則只被告之「想看看你們的畫」。兩個組的孩子都高興地畫了自己喜愛的畫。Ａ組孩子得到了獎品，Ｂ組孩子只得到了幾句平常的讚語。

三星期後，心理學家發現，Ａ組孩子大多不主動去繪畫，他們繪畫的興趣也明顯降低，而Ｂ組孩子則仍和以前一樣愉快地繪畫。這個實驗，曾在不同國家、不同興趣組裡進行過，實驗結果得到了反覆驗證。它告訴我們：獎品固然可以強化某種良性行為，但它也有使人只對所獲獎品感興趣，而對被獎勵9行為本身失去興趣的危險。

其實，一個人除物質需求外，還有被尊重、被認可、被理解、被關愛等多方面的精神需求。孩子雖小，但也是一個有精神需求的獨立個體。現在的孩子，物質方面相對來說都很豐富了，所以，我們在準備禮物的時候，可以多在精神層次下工夫，比如陪孩子一起看場電影、一起去旅遊，或者讓他選擇一件自己喜歡做的事情，這些可能比買一件昂貴的禮物更受孩子歡迎。

5、他的成功也需要分享

懂得分享孩子的成功，是尊重孩子的表現，也是關心孩子的重要方式。

由一則公益廣告想到的

很多人應該都看過這樣一則公益廣告：夜深人靜，一個文靜可愛的小女孩眼巴巴地等待爸爸歸來。她手裡拿著一張獎狀，急切地盼望著深夜未歸的爸爸，希望爸爸能分享她成功的喜悅。可是，汽車喇叭聲飄過，看不到爸爸歸來的身影；腳步聲傳來，聽不見爸爸熟悉的聲音；開門聲響起，仍然不是爸爸夜歸的聲息……一次次盼望，一次次失望，小女孩滿臉委屈，伴著失望的淚水疲倦地入睡。半夜小女孩的爸爸回家，打開虛掩的女兒的房門，一張獎狀半攤開著掉在了地上……

很多父母看到這則廣告都有可能會被深深觸動。現代的父母們往往忙於工作，陪孩子的時間有限，當孩子需要父母誇獎、需要父母鼓勵、需要父母安慰的時候，父母可能不在身邊。即使能陪在身邊，能真心領會和分享孩子成功喜悅的又有多少呢？

果果從幼稚園小班的時候就開始學習電子琴了，當時是我隨便給他選修的才藝課程。沒想到，他學習了一段時間還真的對這個產生了興趣，有一段時間還吵著要我給他買一台電子琴，以便在家裡也能練習。我當時沒有答應他，一方面覺得價格有點貴，他也未必是真的喜歡，怕到時候買了他又不練了；另一方面也不是很願意讓他在這些興趣和愛好方面花費太多時間和精力。但是他一直堅持著，中班的時候他接著選擇了電子琴的學習班。老師還特別告訴我說果果這孩子音感好，手法也很靈活，可以好好培養這方面的特長。不過我沒怎麼在意，覺得男孩子最好還是好好學習功課是正經事。我希望果果以後好好學習，走平常人的路線，最好是學習理工科，能從事科學研究工作，像他爸爸那樣就很好。

有一天下午我去接他放學，他老遠看到我就飛奔過來，興奮地跟我說：「媽媽，媽媽，我會彈《洋娃娃和小熊跳舞》啦！老師還表揚我了呢！」我很不以為然（我不懂彈琴，後來才知道為了彈這首曲子，他們學習了六節課），還想趁機教育一下他，說：「電子琴只是一種興趣愛好，你要是把這種熱情用在學英語上，老師教的單字就全都認識了！」果果聽了默不作聲，原來的興奮勁全沒了。我拉著他往家走，一路上給他灌輸我的「人才觀」。

到了大班的時候，我幫果果選擇了書法才藝班，他也沒有繼續學習電子琴。

後來我在網路上看到一個網友的經歷：「女兒有一天興高采烈地對我說，她今天跳繩跳了100多下，結果我表情僵硬地哦了一聲，沒有了任何態度。孩子失望至極，對跳繩失去了興趣。」我想起曾經仰著幸福的笑臉跟我說他會彈《洋娃娃和小熊跳舞》的果果，也許就是我的不以為然，讓他還沒來得及做鋼琴家的夢，就對彈琴失去了信心和興趣。

反思：小孩的快樂大人永遠不懂

雖然每個大人都曾經是孩子，但很多大人都已經不記得自己當孩子時候的心情了，或者總記著自己當孩子時候的情形，無法與現在孩子所處的環境配合。所以當自己有了孩子後，在瞭解孩子方面還是有些困難。我就是這些大人中的一個。

在成人眼裡，彈一首曲子，跳多少下繩，這些簡直就是雞毛蒜皮的小事。可是在孩子的眼裡，這些就是巨大的成功，是值得高興和慶祝的勝利。如果我們做父母的對此不當回事，勢必打擊了孩子的興奮情緒，消滅了孩子對快樂的體驗，不利於孩子建立自信心。

一個人最大的開心，不是在遇到讓他開心的事情的時候，而是在他開心的時候有人回應自己，那麼他的開心就有了更強烈的延續。當孩子因為自己的進步開心的時候，你若表現出和他一起分享這種快樂的姿態，那麼孩子就會因為感受到你的這種快樂，而受到更大的激勵，進而激發他更大的前進動力。

因此，當孩子興致勃勃地把自己獲得的成績告訴我們的時候，不管那個成績在我們看來是多麼微不足道，我們也千萬不要流露出麻木，或者不以為然的表情，那樣會殘酷地削減孩子的快樂體驗。而是要做出和孩子同樂的樣子，分享孩子成功的喜悅。

6、分數真有那麼重要嗎？

分數只能代表孩子在某一方面的能力，並不是全部。分數至上的觀念只會讓我們片面地看待孩子，忽視了孩子人格的全面發展。

果果說：「媽媽，對不起，我又沒有考好。」

自從果果上國小後，我每天的生活就更忙碌了，除了上班，其他時間都奉獻給果果了。早上起來送他上學，下班回到家吃完晚飯就要陪他寫作業，有時候除了老師規定的作業，我還會額外給他加一點。在我的教導下，果果也知道國小和幼稚園是不一樣的，在幼稚園會玩的小朋友最受歡迎，到了國小成績最好的小朋友才最受歡迎。

我還給果果訂了目標，每次考試必須95分以上。因為以我當年上國小時候的經驗來看，只要稍微認真一些，考滿分都不是什麼多難的事情。

對待學習，我覺得果果表現得還算認真，可是我總覺得他沒有完全投入。因為考試的分數總是不理想。幾回考試下來，我發現他總是容易粗心，有時很簡單的題目都會做錯，有時候還會漏題沒有答。我想這孩子還是需要進一步加強教育。

一次測驗成績出來了，果果拿著考卷找我簽字。這孩子又讓我有點失望，第兩次的國文測驗89分，而上一次是85分。上次我很平淡，想著給他一次機會，希望他能改掉壞毛病。沒有想到的是，居然還是老問題，一些在平時複習中做對的題目還是做錯了，而最讓我生氣的就是居然有5題都空白的，沒有做，這5個題佔了9分。

我問果果，是因為時間不夠用，還是不會做，或是真的忘了，果果看我態度很嚴肅，顯然知道我生氣了，小心地告訴我忘記做了，還說：「對不起，媽媽，我這次又沒考好。」

我又問：「有多少同學得了滿分？」「有4個同學得了100分。」果果低著頭說。

我一聽就火了，罰他把做錯的和沒做的題目重新抄5遍，還罰他一週不准看電視。果果眼裡含著淚，慢吞吞走回自己房間寫作業。

美琪說：成績好又能保證什麼呢？

果果成績不符合我的期望讓我有點鬱悶。在他罰寫的時候，我給死黨美琪打電話訴苦。美琪家寶寶已經上國小三年級了，我覺得在很多教育孩子的問題上，她會有豐富的經驗傳授給我。

聽了我的抱怨，美琪在電話那頭笑。她感慨，看來我們當年的教育學都白學了，學那麼多理論就是沒辦法指導好我們自己的孩子。我也苦笑，什麼事情都是說起來容易做起來難。美琪開導我：「關心孩子的學習沒有錯。但是孩子還小，考試分數也說明不了什麼，不要太緊張，只要他健康快樂就好了！」

她又打趣地說：「現在人都說了，成績好的孩子以後當學者，成績中等的當官，成績差的以後當老闆。」「條條道路通羅馬，我們的孩子當不了學者，可以做老闆；做不了老闆，可以做一個合格的員工。這世上能做學者、能當官、能當老闆的人畢竟只是少數，絕大多數人都只能過普通人的生活，那麼我們至少應該做一個快樂的人！既然這樣，我們何必還要為了孩子沒考好而大為光火呢？成績好到時就能考個好大學、成績不好到時就考不了好大學。但考上好大學又如何？妳仔細回想一下，當年成績好的同學難道都比成績差的同學過得好嗎？我們的朋友裡、同事裡是好大學出來的，就一定比差大學出來的過得好嗎？」

結束了和美琪的通話，我心裡頗有感觸，同時也開朗了很多。

反思：其實孩子也想考個好成績

我們處在這樣一個社會環境中，不關心孩子成績的父母恐怕少之又少。我一直以為，孩子的成績關係到太多的事情，甚至可以毫不誇張地說，關係到孩子的一生。所以，果果考試沒考好我就焦慮，一焦慮我就容易生氣，就會責備他、懲罰他。

當我站在果果的角度來看這個問題的時候，我發覺，我們的孩子其實很可憐。他還小，可能還不明白每次考試的分數與他的未來有什麼關係，只知道分數高爸爸媽媽就高興，分數低就要挨罵甚至挨打。為了爸爸媽媽高興，為了得到爸爸媽媽許諾的獎勵，為了避免打罵，他們盡力去學習，去考出好的成績。因此，當他沒考好的時候，果果會跟我說對不起。

但是從科學的角度來看，每個人的性格特點、興趣愛好、生活環境都不一樣，對知識的理解角度、深度、廣度和記憶水準也會表現出一定的差異。簡單的一份試卷只能表現他們在一定階段對某一部分知識的掌握程度，並不能說明他們的綜合能力，更不能測驗出他們的智力水準。

孩子也想考好，當發現自己分數沒有達到爸爸媽媽訂立的目標時，肯定也會難過，會自責，甚至會充滿恐懼，因為害怕受到懲罰。如果這時候，遇到一個像我這樣的媽媽，對他大加責罰一番，那麼每次考試都意味著一次不愉快的經歷，時間長了，孩子就會對學習和考試充滿厭惡和排斥。如果孩子為了考個好分數，想辦法作弊，這對他今後的學習和生活更是百害而無一益。

做為明智的父母，當孩子糾結於分數的時候，我們應該看得更高一點、更遠一點，不要糾結於分數本身。應該做的是開導和鼓勵孩子，幫助他分析問題，樹立起信心，快快樂樂地學習。

7、快樂的小天使也有壞情緒

童年並不總是無憂無慮的，當孩子出現壞情緒時，對孩子的情緒和想法表示理解，是父母能做的最好的事情。

當果果跟我訴說他的傷心事

文學作品中和「童年」聯想在一起，出現頻率最高的詞彙恐怕就是「無憂無慮」了。我也一直以為，對小孩子來說，每天最重要的事情就是吃好、喝好、玩好、睡好，所謂傷心難過，那就是自己的要求沒有得到滿足罷了。一旦需求得到滿足，或者注意力轉移到其他的事情上，很快他就會忘記剛才讓自己傷心難過的事。

事實證明，我對孩子情緒的瞭解並沒有隨著他逐漸長大而與時俱進。

有一天，我去接果果，他一見到我眼淚就流下來了，把我嚇一跳，不知道他在學校受了什麼大委屈。我趕緊問他怎麼了，果果哭著說他想參加一群小朋友舉辦的遊戲，但是小朋友們說人數都滿了，不讓他參加。哦，原來是這點小事，我一下子就放心了。我給他擦了淚，對他說：「你都是小男子漢了，還哭啊！讓別的小朋友看到了會笑話你的，快別哭了，跟媽媽回家吧！」聽我這麼說，果果不哭了，不過心情似乎還沒有好起來。

其實類似這樣的事情還有很多，我處理的方式也都類似，從來沒有覺得有什麼不妥。

對待孩子壞情緒的三種反應

偶然在一本書上看到關於父母如何應對孩子壞情緒的文章，覺得受益匪淺。這篇文章指出，面對孩子的壞情緒，父母通常會有三種反應：

◎冷漠

冷漠是指爸爸媽媽對孩子的情緒「缺乏反應，缺乏興趣，缺少關心」。有這種反應的父母，常常是對孩子的處境缺乏足夠的瞭解，不是由於工作太忙而無暇用心聆聽孩子的傾訴，就是以大人的心態看待孩子的問題。

如果當孩子向你表達他的感受時，你毫無反應，或者表現得無所謂，說「這有什麼大不了的」，甚至說些責罵的話，如「你怎麼這麼沒用」之類的話，那麼你就可以歸為這一類父母了。當父母有這些表現的時候，孩子就會想：「爸爸媽媽一點都不關心我，他們不愛我。」

◎同情

同情與冷漠截然相反。同情往往是指爸爸媽媽對孩子的情緒和情感產生共鳴，為孩子的快樂而快樂，為孩子的憂愁而憂愁。如果當孩子向你表達他很傷心時，你也變得很傷心，同時跟孩子說「寶貝你真可憐」類似的話時，你就是屬於這一類的父母了。可是，孩子真正需要的是爸爸媽媽提供給他們解決問題的方法，而不是一味地表現同情心態。這樣，孩子更會覺得自己可憐，而對解決問題沒有什麼信心。

◎移情

移情就是爸爸媽媽用自己的心靈和頭腦去傾聽孩子的心聲，當你對孩子表現出移情時，他會知道你理解他的感受。爸爸媽媽能敏銳地察覺到孩子的痛苦、恐懼、失望、憤怒或沮喪，並且能夠諒解，同時又能比較明智地為孩子提供鼓勵和幫助。移情能很好地安撫孩子的情緒，並且能夠有效地使孩子擺脫這種情緒的影響。

毫無疑問，三種常見的反應中，移情是最好的一種。移情的反應，有利於孩子的自我接受，有利於孩子對自己情緒控制能力的發展，更有利於孩子和父母之間建立一種親密而互相信任的、健康的親子關係。

而回想起我通常的反應，我居然屬於冷漠型的！

反思：為什麼我們也像孩子一樣？

每個孩子都會有一定的情緒狀態，如恐懼、喜悅、悲哀、憤怒等。在孩子還小的時候，與人交往、溝通的經驗尚淺，並且對自己產生的情緒認識不清，也不善於用語言表達自己的情緒，所以只好自己尋找方式來進行宣洩，比如哭鬧、打人，甚至還會傷害自己。

每個人都希望別人在意自己的感受，即使再小的孩子也不例外。當我們向別人訴說自己的感受時，總希望得到對方的理解，希望對方能不加評判地接受我們的情緒。孩子其實也一樣。可是很多父母都像我一樣，沒有認識到這一點，做出的反應和孩子的期望截然相反。

當孩子傷心的時候，我們覺得那樣的小事，實在不值得傷心；當孩子憤怒的時候，我們比他更憤怒，動輒把他訓斥一頓；當孩子恐懼的時候，我們甚至還會嘲笑他，說他是膽小鬼……我們的表現有時候也像孩子一樣，不成熟，不受控制，不經過大腦的思考就表現出來。

當孩子從幼稚園回來，氣憤地告訴媽媽：「今天老師很兇很兇地責罵我，弄得大家都笑我。」如果是我，可能立刻就急了，問：「你又做錯什麼了？」這樣的反應會讓孩子更加傷心。

好一些的做法是怎樣的呢？聰明的媽媽會意識到，這時候的孩子最需要媽媽瞭解他的壞心情，媽媽可以說：「哦，那你當時一定尷尬極了。其實沒關係，明天小朋友們都會忘記這件事情的。」這樣一來，孩子就體會到媽媽是理解他的，而且會從被老師責罵和被同學笑話的壞心情中擺脫出來。

那麼，當果果哭著說他想參加一群小朋友舉辦的遊戲，但是小朋友們說人數都滿了，不讓他參加的時候，我如果跟他說：「媽媽知道因為小朋友沒有讓你參加遊戲，所以你有點傷心，不過那不是因為他們不喜歡你，是因為你去的有點晚了，明天他們肯定會邀請你一起玩遊戲的。」這樣的話，果果的心情可能很快就會好起來了。

這樣的表現才像大人，才像充滿愛心的媽媽！

8、缺點的背後是優點

只要引導得當，孩子的缺點就能變成優點。

為什麼孩子的缺點那麼多？

相信很多媽媽都和我有一樣的困惑：為什麼我家孩子有這麼多缺點呢？

一天中午吃飯的時候，同事劉姐跟我們聊起她家的孩子，說到激動處，簡直義憤填膺。她說：「妳說他有多粗心，每次考試，都把會做的題目做錯！讀書也不主動，自己說好了制訂學習計畫，沒有一次能夠完成！一點毅力都沒有，坐不住，晚上回家讀書，讀不了一個小時，就要出來玩一會兒。你要是說他，他還表現出一副無所謂的樣子！真是讓我生氣……」

劉姐的兒子上國中二年級了，學業成績一般。劉姐經常為他的學業成績煩惱，她說孩子明年就上國中三年級了，要是考不上好的高中，以後想上好大學就困難了。像劉姐這樣的媽媽真的太多了。

我身邊的朋友大部分都已經為人父母了，互相交流教子經驗的時候，說孩子缺點的多，誇獎孩子優點的少。比如我吧！對於果果的缺點，簡直可以做到如數家珍，比如太粗心、太調皮、貪玩、缺乏毅力、做事拖拖拉拉、脾氣急躁……但是優點呢？我能說出來的似乎寥寥無幾。有時候我很抓狂，不知道是自己教育孩子的方法不得當，還是自己的孩子不可教。但有時候和大家一交流，發現很多媽媽跟我有同樣的困惑，相較之下，我家果果也不算是不可救藥的。

難道，真有那麼多滿是缺點的孩子嗎？

反思一：換個角度看孩子

「你的孩子是經過上天檢驗的『合格產品』，甚至是『精品』。如果他記憶力不集中、粗心、考試成績不佳、沉迷於網路、不自信、人緣不好……那麼，是孩子『壞』在路上了。其實，這不是孩子『壞』了，而是駕駛員有問題，你沒有看懂孩子的說明書，沒有學習好教育孩子的技術就上路了。」這是中國心理學專家周正教授在其著作《孩子的說明書》裡說的一段話。那麼面對滿身是缺點的孩子，沮喪的媽媽們看到這段話可能會有一點啟示。如果我們一時改變不了孩子，那麼我們先改變一下自己的想法吧！

俗話說：「金無足赤，人無完人。」辨證法告訴我們，矛盾是普遍存在的，一切事物都處於轉化之中，在一定的條件下，矛盾的雙方可以相互轉化。不論從哪方面考慮，孩子的缺點可能並不如我們想的那麼嚴重。

比如粗心，這可能是孩子們普遍存在的問題。嚴格說來並不算缺點，而是一個孩子做某些事情的時候表現出來的特點。就好像發燒只是一種症狀，並不是一種病。通常活潑開朗的孩子都比較容易粗心。比如說貪玩，其實貪玩是孩子的天性。比如調皮，這正說明孩子思維活躍、精力旺盛。這樣一想，媽媽對孩子的評價真要提升一個層次了。

世界上沒有十全十美的成年人，何況是正在成長的孩子。孩子身上所謂的優點和缺點是辨證的，表面是缺點，實質卻包含著優點的潛能；今日的缺點，也許就是明日的優點。

但這也不是說我們對孩子真正存在的問題視而不見，或者硬要把缺點當優點。那就變成了縱容而不是寬容了。而是說面對孩子的缺點，父母不僅要安慰孩子、鼓勵孩子，幫助孩子樹立信心，更要注意發現和培養孩子的優點和長處，幫助孩子揚長避短，來面對學習和生活。

反思二：由「別人家的孩子」想到的

某天，我們的媽媽群裡有人傳了這麼一篇文章：

「茫茫宇宙中，有一種神奇的生物，這種生物不玩遊戲，不聊即時通，天天就知道讀書，每次都是年級第一名。這種生物可以九門功課同時學，媽媽再也不用擔心他的功課了……這種生物叫做別人家的孩子……這種生物考哈佛，上劍橋，能考碩士、博士、聖鬥士，還能升級黃金、白金和水晶級，他不看星座，不看漫畫，看到電腦就想罵娘……這種生物琴棋書畫樣樣精通，甚至會刀槍劍戟斧鉞鉤叉，而我們只會吃喝拉撒；他是團員、黨員、公務員，將來還可能知道地球為什麼這麼圓。這種生物長得好看，寫字好看，成績單也好看，就連他的手指甲都是雙眼皮的……這種生物每天只花十塊錢都覺得奢侈浪費和犯罪，這就是感動大家十大人物之——別人家的孩子！」

據說這是當下流行的網路文章，反映了很多子女的心聲。我看了之後，不禁啞然失笑。在我們小的時候，是不是也曾經活在「別人家的孩子」的陰影之下？當我們為人父母了，卻又製造出這樣的「別人家的孩子」，讓我們的孩子也生活在其陰影之下。

為人父母，總是對自己的孩子寄予了很高的期望，一旦孩子表現得有些不符合自己的預期，父母就容易急躁。同樣一件事情，發生在別的孩子身上，可能會覺得沒有什麼，但是發生在自己孩子身上，問題就會被放大。甚至會把孩子在成長過程中所具有的特點當成了缺點。

但「別人家的孩子」在現實中是不存在的，他是父母們出於教育自己孩子的目的而想當然塑造出來的理想中的孩子，他是綜合了所有孩子優點的虛幻個體。所以，任何一個我們自己的孩子都不可能變成我們期望的「別人家的孩子」。

做為父母，我們還是對自己的孩子寬容一些吧！發現自己孩子的特點，多一把尺衡量他們，這樣才能培養出精彩不同的孩子來。

9、適合孩子的愛是多少度？

給孩子的愛也要適度，表現的太多就成了溺愛，表現的太少會變成苛責。把握好這個尺度是父母應該掌握的一種技巧。

果果說：媽媽不愛我了……

因為深知溺愛孩子會給他帶來很多不良影響，我一直都在避免對果果的溺愛。在各個方面，我對他的要求都是比較嚴格的。比如教育他對人要有禮貌，要多幫家裡做一些力所能及的家事，學習要認真，成績要優秀，生活上要節約不要浪費……等等。但嚴格要求的時候，可能沒有把握好尺度，讓果果覺得自己的媽媽和一些小朋友的媽媽不一樣，覺得媽媽對自己不夠好。

某天早上吃早餐的時候，果果對著我為他準備的牛奶、切片麵包和雞蛋皺起了眉頭，說：「媽媽，我不要吃這些，我想到外面吃。」

我沒有答應，說：「不可以，媽媽都準備好了，再說小朋友不能挑食的，乖乖吃吧！」

果果堅持說：「不要，我想到外面吃。小優和她媽媽每天都到外面吃。」

我一聽火了，對他說：「小優是小優，你是你。現在你有兩個選擇，一是吃媽媽準備的早餐；二是不吃，你選擇哪個？」

果果很倔強地說：「那我不吃。」

我說：「好，那媽媽自己吃了。」於是我先把自己的那份吃了。

果果看著我沒說話。我再問一遍：「你吃不吃？」他搖搖頭。當我把他的那份收起來時，他就不高興了。

我叫他把衣服穿起來要去幼稚園了，他趴在那裡不動。我再叫他穿衣服，他突然哭了，邊哭邊說：「我要吃牛奶和雞蛋。」

我說：「是你自己選擇不吃的，現在想吃也沒有了。」

果果哭得更傷心了，還說：「媽媽壞，媽媽不愛我了……」我一聽這話，不禁也傷心了。難道是我做的太過分，居然讓他覺得媽媽不愛他了？其實去外面吃一頓早餐也是可以的。果果曾經說有的小朋友每天都有好多零用錢，總是買很多零食吃。可是我對他的零用錢是嚴格限制的，零食也很少讓他吃。為什麼連去外面吃一次早餐我也不答應他呢？

但是如果我輕易答應他，他以後是不是就會得寸進尺，媽媽準備好的早餐他也不懂得珍惜？我困惑了。

「關懷強迫症」

第一次聽說「關懷強迫症」這個名詞，是一個好朋友跟我抱怨教育孩子很辛苦的時候。她告訴我自己每天的日程安排，說每天除了上班，其他的時間都給了孩子，為他準備上學的物品，陪他吃早餐，送他去學校，然後自己去上班；下班之後要接孩子回家，為他輔導功課，為他規定額外的作業並檢查，睡覺之前還要給他讀故事書。萬一孩子有個頭痛發燒的那就更麻煩。

時間是一回事，關鍵是整個心思都花在孩子身上了，感覺都失去自我了。其實這些事情她如果不做，家人也會做。但是如果她不親自去做就會覺得很不安，別人做的她也不放心。朋友笑稱自己得了「關懷強迫症」。

她說的感受我也有同感，就特意上網查了一下「關懷強迫症」這個之前沒有聽說過的名詞：

所謂「關懷強迫症」，即一個人特別需要別人依賴自己，總是愛向別人提供不需要的關懷。並且強迫別人接受自己的關懷，進而使別人不能獨立。當別人依賴自己的時候，他就會感到滿足，感到自己有價值。

「關懷強迫症」大多發生在獨生子女父母身上。他們對孩子無微不至的關心到了過度的程度，讓孩子不能自由成長、充分成長，形成了孩子個性、能力、習慣上的種種缺陷，造成孩子心理畸形——自私、反叛、低能，這些孩子長大後沒有獨立的人格、獨立的思想，將來在社會上生存十分困難。父母過度的愛反而害了孩子。

與這個解釋相關的還有很多案例。主要還是講很多父母只知道愛孩子，卻不知道用正確的方式愛孩子。他們把自己過剩的、氾濫的愛無節制、無原則地強加到孩子身上，全然不顧孩子的心理感受，更不考慮這種做法的副作用，給孩子的健康成長埋下危機。

反思：為什麼我們總是把握不好尺度？

父母愛孩子是一種本能，如何正確的表達卻是需要學習的。正如高爾基說的：「愛孩子，那是母雞都會做的事，如何教育孩子才是一件大事。」如果父母的愛不能讓孩子感到被愛的幸福，也不能從中得到成長的能量，甚至感到反感和壓抑，那這種愛就不是良性的愛了。如果父母的愛不能讓孩子獲益，反而成為孩子滋生不良品行的溫床，那這種愛其實就是一種傷害。

當我們對孩子給予太多關懷、太多呵護，就容易導致對孩子的溺愛；但是當我們為了避免溺愛而刻意對孩子嚴厲的時候，又很容易讓孩子感受不到蘊含其中的關愛，反而覺得父母太過嚴苛，而淡漠了親子關係。如何表達愛，才最適合孩子的健康成長，如何去理性地愛孩子，這是個值得每個父母好好去鑽研的學問。

Chapter 2

找對定位——發現身為媽媽的真正價值

媽媽應該做什麼呢？肯定不是專門批評孩子，挑孩子毛病，和孩子作對的啦！也絕對不僅僅是生下孩子，給孩子餵飽穿暖，給孩子錢花。想要做一個好媽媽，讓我們從發現自身真正的價值開始吧！

1、不要代勞，只要陪著就好

孩子有自己的人生，從一開始，就讓他自己去體驗。做為父母，我們能做的就是陪伴和指引。

一封寫給媽媽的信

親愛的媽媽：

我有一些話想要和您說，希望看完這封信您不要傷心。

我知道您非常愛我。十幾年來一直無微不至地照顧我，把所有的心思都花在我的身上，把所有希望都寄託在我身上。這些我都很清楚，所以我一直都很聽您的話。在學習上，我嚴格要求自己，是老師眼裡的好學生，同學們的好榜樣；在生活中，我也沒有讓您失望，是大家公認的乖乖女。可是，媽媽，今天我想跟您說，請您不要再幫我做那麼多事情好嗎？請您給我多一些成長的機會好嗎？

記得有一年的教師節，同學們都商量好了每個人親手做幾張賀卡送給各位老師。我在心裡都想好了做什麼樣的了，回到家準備材料的時候被您看到了，您先是不讓我自己做，說太耽誤時間，要去商店買；我說同學們都已經決定好了您才答應我，還對我能不能做出像樣的賀卡表示懷疑。

我動手做的時候，您就在一旁指指點點，說我這個做的不好，那個應該那樣弄。我當時真的很難過，因為在您的「幫助」下，我原來的計畫全亂了。後來，您又擔心我弄得太晚，乾脆直接幫我動起手來。媽媽，您知道嗎？雖然經過您的參與，賀卡可能比我一個人做的要好看，但是我卻一點成就感也沒有，覺得那不是我自己的作品。

像這樣的事情還有很多，比如我想學做飯，您也答應了，可是我做的時候，您卻幫我做了大部分的工作，我只能洗洗菜，點點火；比如我想自己整理自己的房間，您卻嫌我收拾不乾淨不讓我動手；我想學洗衣服，您說我洗不乾淨也不讓我洗。很多事情，我們同學都會做，我卻不會。我覺得和他們相比，我真的很無能，除了會考試，我真的什麼都不會。

媽媽，我擔心以後上大學要是離開您了我怎麼生活，您卻說不要太遠的學校，到時候還可以住在家裡。可是您想過沒有，難道您可以陪我一輩子嗎？我總有自己生活的那一天，到時候我怎麼辦呢？

媽媽，我已經長大，有自己的見解和主張。您的參與有時候會打斷了我的思路，左右了我的想像，打擊了我的信心，不利於積極性的激發與創造。該放手時就放手，不要為了追求完美而去過多的指導我，或者乾脆把自己的思想強加於我，如果那樣，我就會失去一次體驗成就感的機會，失去了真正長大的機會。

您的女兒

這是一個無奈的女兒寫給媽媽的信，也是很多兒女們的共同心聲。我看過之後很感慨。做為一個媽媽，我很理解這位媽媽的心情。因為我有時候也會和她犯同樣的錯誤——為孩子做的太多。同時我也很能體會這個女兒的期盼，因為我也曾經是這樣一個女兒。

我的媽媽是一個很能幹的人。人家說能幹的媽媽教出懶惰的女兒，這話確實有一定的道理。因為在能幹的媽媽眼裡，女兒什麼都做不好，看不下去了索性自己替她做了省事又省心，時間長了，就把女兒培養成懶孩子了。

從小到大，我做的事情媽媽很少有很滿意的，尤其是家事事。往往我正做著，媽媽就在旁邊指點，越指點她就越著急，最後不得不親自出手幫我完成。媽媽這樣做，有時候會使得我很慚愧，覺得自己怎麼這麼沒用呢？這點小事都做不好。有時候會讓我很抵觸，覺得媽媽一點都不信任我，覺得媽媽太專制，什麼都要按照她的意思去做。

而真正的矛盾爆發是在我有了果果之後。我生完果果，媽媽過來照顧我和果果。對於我自己的孩子，我真希望按照自己的想法來養育他，但是媽媽總是要按照她的意思去辦。比如，果果的尿布，我買的是新棉布，但是媽媽堅持用舊床單、舊衣服做成的尿布。這樣的事情一多，我真的非常鬱悶，因為我知道媽媽是好心的，照顧我們她也非常辛苦，但是我又不能接受她所有的觀點和做法。那段時間，我曾一度以為自己得了產後憂鬱症。

己所不欲，勿施於人

很多媽媽應該都看過孩子小的時候畫畫，他們隨心所欲信筆塗鴉，可能原來想畫隻小花貓，結果卻畫出來一個大氣球。這不是因為他們畫畫的水準差，是因為他的思維發展還沒有達到先計畫好然後按照計畫行事的水準，他是邊畫邊想的。如果媽媽隨他自己去畫，他會很高興，不管原來想畫的和畫出來的是否一致，他都會很喜歡自己的作品。

如果媽媽看他畫得離自己預定的目標越差越遠，想要指導，告訴他要怎麼畫，他可能畫著畫著就不想畫了，因為他的思維被打亂了，也享受不到自由創作的快樂了。

孩子們的想像力比大人的要豐富得多，所以我們看到他們畫出來的畫，可能太陽是綠色的，小貓是帶翅膀的，湖水是粉色的……充滿了奇思妙想。也正因為如此，他們的這種隨心創作才顯得可貴。如果他們都按照大人的思維去畫畫，畫出的東西也千篇一律，那可能就不值得一看了。

和畫畫一樣，孩子做其他的事情也都有自己的想法。他的想法不一定對，但是只要他願意去做一件事情，只要這件事情不是違法亂紀的，不會置他自己於危險之中的，做媽媽的就應該鼓勵他按照自己的想法去實施，而不要代替他去做。

我想，每個媽媽都不喜歡別人對自己所做的事情指手劃腳、橫加干涉，那麼推己及人，我們的孩子何嘗不是如此呢？雖然在媽媽們眼裡，孩子做什麼事情都顯得很笨拙，讓人擔心他是否能做好，但結果並不是最重要的，最重要的是他需要去做，去體驗做的過程，在過程中學習，在過程中成長。這種成長的過程對於孩子的人生是非常珍貴的，也是我們做媽媽的應該去珍惜的。

在這個過程中，我們只要陪在孩子身邊，讓他覺得安全，可以給他建議，可以講清楚事情的原則防止他走上歧途，可以跟他說說我們的經驗，讓他少走彎路。但一定不要代勞，不要剝奪孩子成長的機會。

2、做一個讓孩子感到驕傲的媽媽

如果想要一個讓你感到驕傲的孩子，先做一個讓他感到驕傲的媽媽吧！

滿足一下那顆小小的虛榮心

果果上幼稚園的時候，幼稚園定期會有家長開放日活動。那時候我就發現小孩子們的攀比心理真是很嚴重。

第一學期家長開放日的第二天，果果就回來傳達：「佳佳的媽媽最漂亮，她穿了花裙子，丁丁的媽媽最難看，丁丁哭了，老師責罵我們了……」他沒說明白，我倒是聽明白了。看樣子小朋友們把前一天到場的媽媽議論了一番，評選出「最美」媽媽和「最難看」媽媽。

佳佳的媽媽被選為「最美」的媽媽，因為她穿著漂亮的花裙子，丁丁的媽媽被選為「最難看」的媽媽，丁丁受不了打擊，哭了。丁丁哭了，老師自然要責罵大家。

其實在我看來，到場的媽媽基本都是一般人，外表也很難分出最美和最醜的。小孩子們的評價結果就是媽媽們的衣著給他們留下了深刻的印象而已。

我暗自慶幸沒有成為那群小傢伙眼中的最難看媽媽，同時對他們這種很不厚道的攀比進行了指責教育。果果似懂非懂，總之答應以後不說別人難看就是了。不過想想也對，愛美之心人皆有之，小朋友們也是愛美的。從那之後，我每次去幼稚園都會比較注重穿著，盡量給他們呈現美好的形象。我可不能讓果果因為媽媽難看而受委屈。這一舉動還帶來一些正面效應，其中之一，也是最讓我得意的是，果果的爸爸也誇獎我比以前漂亮啦！

常常有媽媽抱怨，現在的孩子太喜歡攀比。我也發現這幾乎快成為一個很嚴重的社會問題了。但是媽媽們也不要一味否認他們的虛榮心——也是不可能完全消滅的。如果有一些攀比沒有過火甚至有益無害，可以保護孩子的自尊心，可以促進孩子的進步，我們不妨滿足一下。做一些讓孩子覺得很有面子的事情，媽媽在他心目中的地位就變高了，說話也有份量了，教育起來不就更省力一些嗎？

見識一下媽媽的能力

果果所在的國小每月有一次讓家長進課堂講課的活動。被選上的小朋友的爸爸或者媽媽要給班上的同學講一堂課，只要講和自己從事的工作相關的就可以。輪到果果的那一次，他很興奮，見到我就跟我說：「媽媽，您去給我們同學講課吧！我跟同學說了，我媽媽是作家哦！他們可羨慕了！」我一聽有點不高興了，這孩子真是很愛慕虛榮。不過一想，他哪裡知道什麼是作家啊！只不過見我經常加班寫稿子，就覺得我就是作家了。同時又有點小緊張，講課是沒問題，但是講不好的話，果果會覺得很沒面子的。

到了要講課的前一週，果果天天問我：「媽媽，您有沒有準備好？」

我看他這麼重視，自然也不敢怠慢。為了那次講課，我盡心盡力準備了一個星期。配合我的工作，我給孩子們講了《一張報紙的誕生》，講講他們平時每天都看到的報紙，從開始策劃到最終印刷出來的全過程。為了便於他們理解，我還專門準備了一些我們工作時的照片，比如同事採訪的場景、拼版的場景、印刷廠的場景……等等。我想孩子們會比較喜歡直觀的素材。那堂課講的怎麼樣我沒什麼感覺，不過果果很滿意。回來很驕傲地跟我說：「媽媽，同學們都說您講得好，他們可羨慕我了。我們老師說以後我們班要辦班報，要讓您給我們指導呢！媽媽，我以後要好好學習，像您一樣當作家。」

我很想說媽媽還稱不上是作家，不過看他那個崇拜的眼神，還是沒有說出口。為了保持他的崇拜，我想我應該努力創作，爭取成為真正的作家。

當媽媽的都希望自己的孩子在各個方面表現出色，談到自己孩子的成績或者優點的時候可以滿懷自豪。將心比心，孩子們也希望是這樣，所以，我們一定要好好表現，做一個讓孩子感到驕傲的媽媽。都說父母是孩子最好的老師，當孩子發現自己的媽媽原來那麼棒，一定會在心裡由衷敬佩，進而迸發出向媽媽看齊的無窮動力。這對於增強孩子的自信心，增強我們的教育力，都是很有好處的。

3、內心深處的安全感只有媽媽能給

在孩子成長的過程中，會有一些事情讓他感到擔心和害怕，但只要他知道媽媽就在自己的身後，他就會超乎你想像地勇敢起來。

以後再也不偷偷離開了

自從有了果果之後，我盡量不出差，就是怕他從沒有長時間離開我，一旦我幾天不在家，他會哭鬧。大約是他四歲的時候，有一次公司派我去出差，要一週的時間。由於這一次沒辦法找人替代，也就是說我非去不可。我思前想後，決定不讓果果提前知道，因為提前知道的話，他說不定會哭鬧著不讓我離開。

我和家裡人都交代好，不讓他們告訴果果，如果果果問起來，就說媽媽去給他買好吃的了。臨走的時候我讓老公帶他去社區玩，然後偷偷走了。

雖然人在外，我的心卻記掛著果果。天天打電話問情況，因為怕他聽到我的聲音會更難過，就不敢讓他接電話。聽說他每天都不想去幼稚園，傍晚的時候總要站在陽臺上看，等我回家，晚上睡覺前都會哭著要媽媽。

我出差回家，果果見我就哭了，我把他摟在懷裡，自己也哭得稀裡嘩啦的。接下來，果果就一直拉著我，我到哪裡他就跟到哪裡，晚上睡覺也要我陪著一起睡。第二天，我送他去幼稚園，臨別的時候，果果不願意進去，我答應晚上來接他，他半信半疑：「媽媽，是真的嗎？妳不走了嗎？」我鄭重地點頭答應他，還跟他打勾勾確認，他這才一步三回頭的走進了教室。看來我的不辭而別讓他傷心和害怕了。

從那次之後很長一段時間，果果和我分開的時候，總會表現出很擔心的樣子。

後來，有經驗的媽媽告訴我，要出遠門的話，最好提前告訴孩子，雖然可能引起一時的哭鬧，但是讓孩子在心理上有了一個準備，讓他在接下來的日子裡不會感到害怕。

對孩子來說，媽媽突然不見了會讓他感到害怕、恐懼、焦急、煩躁，以為自己被媽媽拋棄，心裡會有非常不安的感覺。在離開以後可以給孩子打電話，或者使用視訊聊天，讓孩子感受到媽媽就在不遠的地方。或者可以事先錄音，然後讓照顧孩子的親人在入睡前放給孩子聽，媽媽的聲音是對孩子焦慮情緒最好的撫慰。

別緊張，有媽媽在

果果第一次站在舞臺上表演是幼稚園中班的時候。那次是兒童節，幼稚園要舉辦一次文藝會演，果果和班上十幾個小朋友一起表演一個舞蹈，全園的小朋友和家長都會去觀看。

果果雖然個性還算活潑開朗，但是在那麼多人面前登臺表演還是頭一回。他可能有一些緊張，在前往幼稚園的路上一直緊緊抓著我的手。我把他送到後臺，老師們正在給小朋友們上妝。見果果來了，一個老師把他拉到一旁給他換衣服化妝。我見人太多，就到外面走了一圈。等我回來，果果已經化好妝了，他一個人站在那裡到處張望，一看到我似乎就放心了，對我直笑。

我走過去，拉著他的手誇他真好看。他問：「媽媽，妳會看我表演的節目嗎？」我說：「當然會了。你上臺時別緊張，媽媽和爸爸都在台下為你加油哦！」他點點頭。

我和他爸爸找了一個距離舞臺比較近的位置，好讓果果能看到我們。輪到他們的節目上場了，我看到果果邊表演邊朝台下看，就知道他是在找我呢。我向他揮手，揮了好一會兒他才看到我。一看到我，他就笑了，表演得更起勁了。

在回家的路上，我問果果跳舞時有沒有害怕，他說：「我看到媽媽和爸爸，就不害怕了！」

我想，所有的孩子都和果果一樣，當他們做一件從沒做過的事情時，當他們緊張、面臨困境時，總是希望能看到媽媽的臉，感受到媽媽的支持，這樣他們才會有安全感，才會勇敢地去探索，放心地去行動。

心理學研究顯示，有安全感的孩子情緒穩定，個性堅定平和，遇事不會驚慌失措，能較好地與人溝通，能理智地處理在生活中遇到的難題。缺乏安全感的孩子，則表現為情緒波動大、膽小怕事、個性孤僻、承受挫折的能力弱等人格傾向。

而一個人的安全感，與生命早期和「母體」的關係密切相關，也與幼年父母對孩子的理解、關愛和保護有關。所以，在培養孩子的安全感方面，媽媽的地位是其他人替代不了的。因此，媽媽們不要隨意離開孩子，不要隨意把孩子放在陌生的環境中，應該讓孩子隨時隨地感受妳的關懷，更安心、更有勇氣地面對生活。

4、做孩子的傾聽者

做孩子的傾聽者，用心傾聽孩子的心聲，是媽媽能夠為孩子做的最重要的事情之一。

媽媽，跟我說說話

有一段時間，我為了趕工作進度經常加班。為了節省時間，接送果果放學的任務暫時委託給奶奶。晚飯之後我也基本都在我自己的房間對著電腦找資料寫文章，週六日也抽不出時間陪果果。果果經常跑到我身邊，想要和我說話，我急著工作，對他有點敷衍，有時候乾脆就跟他說：「媽媽現在很忙，等我忙完這一陣子再好好陪你玩。」他聽後，總是失望地走開了。

等忙完那一段時間後，我終於又恢復了去接送他的任務。那天我下班去接他，他顯得很驚喜，朝我飛奔過來，拉著我的手問我：「媽媽，您現在不忙了嗎？」

我點點頭，說：「媽媽上一階段的工作結束了，可以清閒一陣子了。媽媽忙的時候都不管你，你不高興嗎？」

果果很認真地說：「媽媽忙的時候就不能陪我玩，也沒時間聽我說話，我覺得一點都不好！」噢，原來小傢伙過不慣沒有媽媽管著的日子。

「果果，有話可以跟爸爸說，跟奶奶說也可以啊！」

「我就想跟媽媽說。」果果略帶撒嬌的語氣說。

這話說得我心裡挺受用，「是嗎？那你想跟媽媽說什麼呢？」我接著問他。

這一問，果果就興奮了，一路上講個沒完，一直到家，嘴巴都沒閒著，說的話無非是幼稚園裡的事，哪個小朋友轉學啦，哪個小朋友和哪個小朋友打架啦，對新來的老師的評價啦……

如果不是這一次，我還沒有意識到果果這麼希望跟我說話，確切地說，是希望我聽他說話。之前我一直以為，每天接他放學的路上，他說的那些話是可說可不說的，我也是可聽可不聽的。甚至有的時候心情不是很好，我會打斷他的話，讓他安靜一下。

現在想想，當我讓他安靜不要說話的時候，他心裡肯定特別的委屈。其實他的要求並不高，不需要我對他說的事情表示莫大的興趣，不需要我對他的說法進行適時的評價，只要我聽著，偶爾說一聲「噢」、「是嗎」一類的話語來表示自己有認真地聽就可以了。

經過這件事，我對果果的說話態度正視了很多，我盡量認真去聽他說話，有時候也會對他說的事情很好奇，然後追問下去。每當這個時候，果果就會表現得很認真，他會把自己知道的全部都告訴我，盡他所能解釋清楚我問的問題。透過認真聽他說話，我對他在學校的生活也有了更多的瞭解，對他的成長也有了更深的認識。而果果，更願意把他的想法告訴我了。這些收穫，如果不是認真傾聽他說話，是得不到的。

傾聽孩子，不僅僅是聽他說話

每個人都需要有人能用心傾聽自己的想法。當我們有表達的慾望，而這時正好有個人願意專注地傾聽，並對我們所說的一切表現出濃厚的興趣時，我們必定會感到喜悅，就會把自己想說的一吐為快。孩子也是一樣，也有迫切想表達自己的時候，如果這時媽媽懂得積極傾聽，一定會讓孩子欣喜，同時他會更願意和媽媽產生更加親密的互動。

如果媽媽忽視孩子想要表達的願望，拒絕聽孩子傾訴，或者雖然看似在聽實際完全沒放在心上，甚至嫌孩子聒噪，打斷孩子的話，粗暴地對孩子說：「別說了，你能不能安靜點！」那麼孩子表達的積極性就會大受打擊，日後也不願意和媽媽進行溝通和交流。

親子間的交流陷入僵局，對孩子表達能力的培養和個性的健康發展都是不利的。遭到媽媽拒絕的孩子，容易變得脆弱和自卑。

我想起曾經看過的一部電視劇中的一個情節：一個孩子很想把幼稚園裡聽到的故事講給姐姐們聽，可是幾個姐姐都說沒空，他很失望。大哥哥告訴他，他可以和大樹說，於是只要有心事，他就到那棵親情樹下訴說他的喜、怒、哀、樂，似乎那棵樹真的能聽懂他的話……

如果說有一個人的傾聽對孩子來說最為重要，那麼這個人肯定是自己的媽媽無疑，正如作家契訶夫所說的：「母親之所以在教育子女方面不能由別人代替，就是因為她能和孩子同感覺，同哭同笑……」

如果媽媽是真心愛孩子，就用心傾聽孩子吧！這種傾聽，可以是用心聽孩子講話，如果碰巧我們的孩子不是很愛用語言表達自己的感受，也可以讓他們給媽媽寫信，給媽媽畫畫，用一切他願意的方式向媽媽表達。

不管孩子是用哪種方式向我們傾訴，我們都要把這當成一件很重要的事情來對待。當孩子表達他高興或者悲傷的時候，我們要真誠地感受他的感受，只有這樣，才能贏得孩子的信任，才能打開孩子的心扉。

5、幫助孩子發展自己的興趣愛好

興趣是最好的老師，父母有義務幫助孩子發現，並發展他的興趣和特長。

從果果的失敗經驗說起

我之前說過果果在幼稚園時彈電子琴的經歷，現在回想起來我多少有些後悔。他當時那麼喜歡彈琴，如果再給我一次機會，我一定給他買一台電子琴，不，我會給他買一台鋼琴，讓他天天快樂地練習。即使他練習一陣子不喜歡了也不要緊，到時候再賣掉，至少我沒有什麼遺憾了。

但是他後來不怎麼喜歡彈琴了，可能是因為之前的興趣只是一時的好奇，也可能是剛剛萌芽的興趣沒有即時得到強化，他沒有獲得更多的樂趣。總之，後來沒有聽他說起想要彈琴之類的話。

幼稚園大班的時候我給他報了書法班，因為我覺得他太調皮好動了，學習書法可以讓他性子安靜一些。沒想到「江山易改本性難移」，練習書法沒有讓他變得更安靜，反而讓他和我起了對抗的心態——練習了一段時間，就不願意再去了，我只有作罷。

後來，我也想給他報名其他的才藝班，但是可供選擇的基本就是英語、舞蹈、心算、鋼琴、繪畫之類的。有的我覺得不適合男孩子，有的果果不願意去。時至今日，果果的興趣還沒有得到系統性的培養。

俗話說「興趣是最好的老師」，我還是希望果果能對某個方面特別感興趣，不用我督促他就能快快樂樂地去鑽研、去學習，並體會到學習的樂趣。將來長大了也可以以此為職業，那是多麼幸福啊！即使不以此為職業，有個業餘愛好，人生也會充滿更多樂趣。

無意之中，我在國外網站上看到一篇培養孩子興趣與愛好的文章，大受啟發。

幫助孩子明確自己的興趣愛好

父母可以將幫助孩子明確和拓展興趣愛好做為職業探索的第一步。

◎怎樣幫助孩子明確興趣與愛好？

研究證明，一個人更滿意從事他感興趣的工作。你可以透過詢問以下問題和孩子談論他的喜好，幫助他明確自己的興趣與愛好：

- 在學校你最喜歡的科目是什麼？

- 你最喜歡的課外活動是什麼？
- 你有什麼業餘愛好？
- 你喜歡和朋友一起都做些什麼？
- 你認為你有什麼特別的技能？
- 你做過的事情中什麼讓你最感到自豪？
- 業餘時間你喜歡做什麼？
- 你對什麼東西最感興趣？

◎假如孩子似乎什麼都不喜歡，我該怎麼辦？

幫助孩子探索世界來找到他所感興趣的東西。

注意：

- 孩子喜歡的活動。
- 孩子閱讀的書。
- 孩子看的電視節目。
- 孩子喜歡上的網站。
- 業餘時間他都做什麼。

每一項活動都和孩子討論他喜歡什麼、不喜歡什麼。

帶孩子到：

- 博物館
- 畫廊
- 動物園
- 音樂戲劇表演
- 社區活動或運動會

讓孩子嘗試這樣的課外活動：

- 才藝班
- 電腦課
- 運動隊
- 鼓勵你的孩子開始收集東西，幫助他決定收集什麼。

◎怎樣培養孩子的興趣與愛好？

鼓勵孩子做與他興趣相關的事情，比如：

一個喜歡動物的孩子可以做：

- 參加動物愛好者俱樂部。
- 在獸醫門診或動物園做志工。
- 幫鄰居遛狗或照顧狗。

一個喜歡藝術的孩子可以做：

- 設計一個個人網站。
- 為親朋好友設計生日卡片或節日賀卡。
- 為學校的時事通訊設計圖表。

一個喜歡幫助別人的孩子可以做：

- 做一個夏令營顧問。
- 到托兒所、幼稚園、養老院等地方幫忙。
- 教小孩子閱讀。

一個喜歡製造或修理東西的孩子可以做：

- 用零件組裝收音機或電腦。
- 把一個舊的器具拆開然後又把它裝好。
- 設計製作一個鳥巢。

一個喜歡運動的孩子可以做：

- 加入一個體育運動隊。

- 給教練當助手。
- 在社區比賽中當裁判。

（文章來源：http://cte.ed.gov）

這裡面有些可能不太符合我們的國情，但是我覺得至少有一點非常值得父母們學習，那就是對孩子興趣的尊重和想方設法來成全。

興趣可以和「前途」無關

孩子小的時候往往不會明確地知道自己感興趣的是什麼，這時父母的作用就顯現出來了。現在的父母對培養孩子興趣具有極大的熱情，幼稚園開學的時候，才藝班諮詢的家長都會把門擠爆。週末和假日家長們也會犧牲休息時間，帶著孩子奔走於各個才藝班之間。家長們樂此不疲，但有時候孩子卻是興趣索然。

我們樓上的鄰居家晨晨才三歲，她媽媽就給她報名了鋼琴班、舞蹈班和英語才藝班，她告訴我怎麼也「不能讓孩子輸在起跑點上」。有一次，我在電梯裡碰到正要去鋼琴班的晨晨和她媽媽，我問晨晨：「晨晨，妳喜歡彈琴嗎？」她一臉茫然地說：「不知道，是媽媽讓我學的，問媽媽吧！」弄得晨晨媽還有點不好意思的樣子，對我說：「小孩子哪裡知道喜歡不喜歡，學的時間一長，就喜歡上了。」

像晨晨媽這樣的家長還真是不少。似乎說起培養孩子的興趣，就一定是文藝啦，學習啦，直接或間接地都與「前途」有關的內容。如果孩子真的對這些有興趣當然最好，如果孩子根本不感興趣，那就是時間和金錢的雙重浪費，還會引起孩子的厭煩情緒。

其實，我們做父母的也沒有必要這麼功利。培養孩子的興趣與愛好不要希望藉著這個能考試加分，能憑這個進好的學校，能達到這種程度當然好，不能做到這樣也沒關係。孩子有個感興趣的事情，生活就會充滿很多樂趣，某些方面的潛能就能得到開發，對他的成長是有用的，這不就足夠了嗎？

孩子的興趣與愛好，來自於好奇心和求知慾，不能強制，而應因勢利導，促進發展。有條件的家庭，可根據孩子的興趣傾向，送孩子參加才藝或運動專門的訓練班，使孩子學有所長。孩子喜歡參加的活動，就鼓勵他堅持下去，從中還可以培養孩子的韌勁和耐力，這樣才能保障孩子的個性得到充分發展。

6、讓孩子感受被愛，學會去愛

父母對孩子的愛，也是需要回報的。所以要讓孩子感受我們的愛，教他們如何回報我們的愛。

愛也需要用語言來表達

我們看美國電視劇，父母子女之間經常把「I Love You」掛在嘴邊的，似乎就是一個語氣詞。而傳統的中國父母們，尤其是父親們往往不好意思或者不屑於用語言表達對孩子的愛意。誠然，表達對孩子的愛，方式不只一種，也不僅僅是說出來。但是說出來更有利於孩子感受到我們的愛。

愛的表達，不必是隨時隨地口口聲聲「寶貝，我愛你」，但至少在孩子小的時候，媽媽們要讓孩子聽到妳親口表白。因為他還小，還不能夠體會到妳無時無刻不在的愛，也不能夠體會到妳打他、罵他其實是恨鐵不成鋼。唯有語言是很直接的，是一下子就能讓他明白的。

愛的表達是什麼樣的呢？比如，剛上國小一年級的孩子考試考了40分，自己心裡很難過也很害怕，戰戰兢兢地拿著試卷找媽媽簽名。脾氣火爆的媽媽看了非常生氣，張嘴就訓斥：「你看你，整天就知道玩，成績一塌糊塗！飯都白吃了！要是下次再考不好，再也不許看電視！」

或者有的媽媽稍微溫柔一些：「哎呀寶貝，你看你這麼簡單的題目，就考這麼點分，以後可怎麼辦啊？從今天開始要好好用功，不許再看電視了！」這些是愛的表達嗎？顯然不是的。

媽媽們都是因為很愛孩子，所以當孩子考試沒考好就會很焦慮，為孩子的將來擔心。但是這樣的表達，只能讓孩子傷心，覺得考試沒考好，媽媽對自己就不如以前好了，進而會害怕考試，一到考試就很緊張。孩子把考試成績和媽媽的愛聯繫起來，認為媽媽只愛考得好的自己，討厭成績不好的自己。

善於表達愛意的媽媽會怎麼做？當孩子只考了40分，媽媽要知道，孩子自己也很難過，而且很害怕媽媽生氣，需要自己的安慰和鼓勵。這時抱抱孩子，拍拍他的肩，說：「寶貝，媽媽知道你沒考好肯定很難過，不要緊，一次考試沒考好不要緊，媽媽相信你下次一定能考好的。來，和媽媽一起看看做錯的題目吧！」拉孩子一起到桌前分析試卷，孩子的緊張和害怕沒有了，當然也能感到媽媽對自己的愛了。

所以，愛的表達不必是「我愛你」，還有別的很多東西可以說，特別是在特定場景之下：孩子用積木搭了一個漂亮的城堡給你看，對他說：「真棒！」或者「太好了！」早上起來孩子自己把衣服穿上了，也可以對他說：「真乖！越來越能幹了！」孩子在幼稚園被老師責罵，你可以告訴他：「沒事，媽媽相信你不是故意的，下次一定能做得很棒！」；孩子摔倒了，雖然不必每次都急著去把他扶起來，但在他確實摔痛的時候，去幫助他一下，抱抱他，關切卻不過分地問他：「痛嗎？有沒有受傷？」這些都是愛的表達。

表達愛不是要讓媽媽們做「啦啦隊」沒完沒了地讚美誇獎孩子，而是要讓孩子感到妳的關注和重視。等孩子慢慢長大懂事，他自然也會明白妳的讚美其實是對自己的「愛」和鼓勵。他會由衷地感謝父母對自己的讚許，感謝父母對自己的愛。

給孩子表達愛意的機會

陳安儀在《孩子，我要教你怎麼愛我》這本書裡寫道：愛與關懷的能力並不是與生俱來，它是需要培養的。教導孩子回報我們給予的愛，跟我們愛他同樣重要。

我覺得她寫得很對。雖然說父母對孩子的愛是無私的，是不需要回報的。可是你會不會覺得，當孩子回報給你「愛」的時候，你會更開心，更愛他？這就是良性循環，這種循環是威力無窮的正面能量，會讓自己和孩子的身心更加愉悅，更有幸福感！

可是很多媽媽一直踐行默默奉獻不計回報的原則，不給孩子表達愛的機會。這實在是太可惜了。

比如，媽媽工作一天回到家，正在寫作業的孩子跑過來關心自己，要給媽媽倒水，或者給媽媽捶捶肩，媽媽經常會說：「快去寫作業吧！媽媽自己來！」孩子肯定就去寫作業了。他想回報給媽媽一些愛，媽媽卻說不需要，他就會覺得自己不重要，也不被需要，以後管好自己的事情就行了。久而久之，他就不再對媽媽表達自己的愛了。

而且，孩子很小的時候，其實是不會表達的，這就需要我們教會他如何表達。果果聽到我咳嗽的時候，他也會望我一眼，一副想說點什麼但又不知道說什麼的樣子，然後繼續做他自己的事情。我知道，他不是不關心我，而是他不知道怎樣表達他的關心。

後來我就告訴他：「媽媽咳嗽的時候，你要過來給媽媽拍拍背，要關心媽媽。」他記住了。現在只要家裡任何人咳嗽，他都會跑過去拍拍背，說：「××，你要快點好！」家裡人對他的表現都是十分的滿意。

7、學會去瞭解並喜歡他的朋友

把孩子的朋友當作自己的朋友，那麼孩子也會把你當成最好的朋友。

為果果辦個party

在我反思自己不知道果果有幾個好朋友之後，我決定要用實際行動來改變自己，做個貼心的好媽媽。因此，我決定在果果六歲生日的時候，邀請他的好朋友來家裡慶祝。果果曾受到過邀請去參加朋友的生日聚會，也希望我給他辦個聚會。但是我覺得這件事情很麻煩，再說了，小孩子的生日用不著弄得那麼隆重。不過這次，就當是趁機瞭解一下果果的朋友圈吧！

果果聽了我的決定，顯得非常雀躍，開始計畫要請哪些小朋友。經過他仔細「權衡」，決定請七個小朋友，其中兩個是以前幼稚園時候的同學，兩個是鄰居家小孩，還有三個是現在班上的同學。看樣子這幾個是他認為的最好的幾個朋友了。

果果生日是在週三，所以聚會時間就訂在生日那週的週六中午，地點我們選擇在家裡，因為只想弄一個簡單的。果果還跟我建議說要和上次參加哲哲生日聚會一樣，吃蛋糕、小布丁、薯條、霜淇淋……。那麼吃的就採用西式的，也較為省事。

至於朋友們會不會送禮物，這個果果很有自信，他說：「都會送，他們生日我都有送禮物！」這個我有印象，他曾經向我要錢給朋友買禮物，也曾經自己做賀卡說要送給朋友當禮物。

這樣訂下來，通知朋友的事情就交給果果親自去辦。他積極地給朋友們打電話，邀請他們。幾個孩子都住得不遠，讓爸媽送或者自己走過來都是可以的。其他的準備就只有我和果果爸來做。不過也不怎麼費事，基本都可以買到。生日蛋糕是必備的，還有其他果果想到的要吃的東西。為了活躍氣氛，我們還買了五顏六色的氣球以及彩帶裝飾屋子。

果果的生日聚會在他的期待中如期舉行，我藉此機會也認識了他的好朋友們。他們都和果果一樣，調皮又可愛，但也很懂事。小孩子們一起打打鬧鬧玩了三、四個小時才依依不捨地分開各自回家。果果收到了朋友們的禮物，顯得很高興。等朋友們都走了，我開始收拾屋子的時候，果果還主動幫我倒垃圾。他是要用行動對我表示感謝。

看來，請小朋友來家裡並不像之前想的那麼可怕。

和他聊聊朋友們的事

自從認識了果果的朋友們之後，我們就增添了很多話題。我有時候想起來就會問他那些朋友的情況；果果也經常主動和我說起他和朋友們之間的事情，比如誰和同學打架被老師罰站了，誰考試又得第一了。以前果果也和我說學校的事，但是通常都是他認為的當天的「新聞」，還有和他直接相關的一些事，現在加上這個「特例」，使我對現在孩子們的狀況有了一些瞭解，也讓我對果果的交友圈有了一個全面的認識。

透過一段時間的觀察，我發現果果的這幾個好朋友還真是各有特色，有成績很好的，也有成績一般但是人緣特好的，還有特別調皮愛和同學打架的，我不得不佩服，果果的接納能力真是很強，能和各式各樣的同學交朋友。

但是我有時候也會擔心，愛打架的朋友會不會把果果帶壞？我告誡果果不要向愛打架的朋友學習，果果很不屑地說：「不會啦媽媽，老師說我們都要幫助他改掉這個壞習慣。我是他的朋友，更要幫助他。」

我想起幼稚園的時候我們制訂的「交友準則」，覺得自己挺自私挺狹隘的，不僅如此，我對自己的孩子還缺乏信心，不相信他的社交能力。其實人的一生終會經歷很多的朋友，比如我之前要求的，他只能和班上功課好、品德好、個性好的孩子交朋友，那麼在他社會交往的最初階段，他就錯過了和更多各有特色的同齡人深入交流的機會，也許也交不到真正的朋友，那該是多麼大的損失啊！

我又想起給他辦的生日聚會。其實現在的孩子們大部分都被教育得很不錯的，我認為孩子到別人家就亂翻東西搞破壞，那真是一種刻板印象，我對孩子們的認識還停留在兩三歲的時候。

認識和瞭解果果的朋友，使我喜歡上了這些孩子，也讓我重新感受到了孩提時候友情的溫馨和可貴。雖然從我的經驗來看，再過若干年，他們可能會天各一方，甚至可能會再無聯繫，但我還是對他們充滿了感激，正是有他們的陪伴，我的果果才能快樂地享受童年，才能體會到和朋友們在一起的美好時光。等他長大之後再回憶小的時候，想起媽媽為他準備的生日聚會，心裡一定會充滿溫暖。

8、當孩子要實踐新想法，要鼓勵不要阻止

如果害怕孩子出錯而不讓他去嘗試，他可能就失去了創新的能力。

在外婆的調教下，果果變能幹了

我們家的現狀是，男的都不擅長也不願意做家事。就說做飯吧！果果的爺爺不用說，基本上連廚房的門都沒進過。果果的爸爸在我的教育下稍有進步，但也只停留在會做蕃茄炒蛋的水準。

現代社會男女平等，女人一樣要辛苦工作，那男人自然也應該分擔家事。為了將來我家果果能成為新時代的好男人，我決定教會他做家事。

學做家事就從最簡單的擺碗筷開始。可是剛實行兩次，這個孩子不是少拿筷子就是多拿碗，還把我心愛的青花瓷湯勺給摔破了。我心想，這孩子動手能力真是夠差的，還是不指望他算了。第三天晚飯，擺碗筷的工作我就不讓果果做了。

果果倒也不氣餒。不讓他擺碗筷了，吃飯的時候，他主動說要幫我收拾碗筷。我一聽斷

然拒絕了，收拾碗筷這事情他絕對做不好的，油膩膩的盤子、碗，弄髒他的衣服不說，不小心還會打壞我一個盤子。結果他表現出很受傷的模樣。

我想了想還是等他大點再培養吧！太小了幫忙做家事就是不成。暑假時，果果去外婆家住了一個星期。我去接他，他見我就跟我炫耀，說他不僅幫外婆擺碗筷，還幫外婆洗碗了。我不相信，問他外婆，他外婆直誇他，說果果可聰明了，一學就會。果果得意地笑了。

背著果果，媽媽笑著告訴我，說果果主動說要幫她，不過做得確實不怎麼樣，但是多誇幾次，還真像個樣了。媽媽還教育我說：「孩子想幫忙要多誇才有積極性，剛開始做也做不好，只要他願意做，還怕教不好嗎？最怕就是一做錯就說他或者不讓牠做，這樣的話他以後就不願意動手了。你想想你們小時候，我不都是這麼教會的嗎？」

我回想起小的時候，第一次學著包餃子，麵皮擀得不是薄了就是厚了、大小不一、也不圓，媽媽說我第一次能擀成那樣很好了，只要能包進餡就可以做餃子。我聽了大受鼓舞，以後每次包餃子我都要擀麵皮。

看來，當孩子想要動手幫忙的時候，一定要多鼓勵，讓他保持高積極性。讓他多嘗試，他才能做好。如果不給他犯錯誤的機會，他可能永遠也進步不了。

創新能力從何而來？

孩子的想像力和創造力近年來被廣為詬病。2009年，教育進展國際評估組織對全球21個國家進行的調查顯示，中國孩子的計算能力排名世界第一，想像力卻排名倒數第一，創造力排名倒數第五。當然，這個調查可能不是很全面也不是很客觀，但也給我們很多警示。在知識經濟時代，競爭日益激烈，我們掌握的知識和技能更新換代的速度也在加快，要想在競爭中獲得一席之地，創新精神和創新能力是不可或缺的。

我們的孩子創造力之所以很差，肯定不是因為我們天生比別人笨，恰恰相反，我們計算能力能排第一就說明我們的孩子都很聰明。創造力低，一方面是模式化的應試教育束縛了孩子的思維，另一方面，恐怕就是父母總是不能放手讓孩子按照他的想法做事。

就像做家事一樣，孩子只要想做，就有做好的可能。為此，當他要實踐自己新想法的時候，媽媽們一定要鼓勵，而不要怕他做不好就去阻止。

比如孩子說：「媽媽，我想看看遙控飛機如果沒有翅膀了還能不能飛起來。」那好，讓他把飛機翅膀拆下來試試吧！透過這一試，他動手能力增強了，也弄明白了飛機沒有翅膀是飛不起來的。試玩之後他可能還會問為什麼？媽媽要講給他聽，或者拿來書讓他自己找答案。這樣一來，孩子的知識量又增加了一些。

透過親自動手獲得的知識，比坐在課堂裡聽老師講要印象深刻得多。如果媽媽覺得這個遙控飛機買的時候花了很多錢，怎麼能拆了呢？就告訴孩子：「不要拆，沒有翅膀飛機肯定飛不起來的。」孩子可能半信半疑，對這個問題不能很好地繼續探索下去。當他養成習慣了，遇到什麼問題就直接問答案而不親自去探索的時候，他的探索精神和能力就受到了傷害。創新的動力也就消失了。

9、找到最適合孩子的教育方法

在物質極豐富的今天，給孩子提供足夠的精神糧食顯得尤為重要。

故事的妙用

我有一個好朋友是大家公認的賢妻良母，對人非常和氣，對孩子也很少大聲說話。我們一起聚會的時候，大家都會因為孩子不聽話到處亂跑而氣急敗壞、大聲呵斥。她卻從不這樣，總是輕聲細語的。她兒子也很配合她，雖然也調皮，但從不搗亂。我們都說她教子有方。

有一次，大家在一起吃飯的時候，她說要給我們傳授一個輕鬆教育孩子的好方法，稱其為「故事法」。我們迫不及待地向她請教——大概沒有對此不感興趣的媽媽吧！

朋友所說的故事法，就是運用孩子對故事感興趣的特點，把講故事融入教育孩子的細節中。她兒子不到一歲時，就特別喜歡聽故事。起初，她給兒子講些短短的、小動物的故事，兒子聽得津津有味。偶然中她發現，講故事還能發揮很好的教育作用，比如，當兒子不願意喝牛奶時，她便編一個「玲玲喝牛奶喝得好，公園的管理員大叔讓她到蹦蹦床上玩；樂樂不願意喝牛奶，叔叔不讓他去玩，還說，只有好好喝奶的孩子才讓玩蹦蹦床……」聽了「故事」，兒子就會端起杯子大口大口地喝牛奶。類似的小故事常常能收到立竿見影的效果。

發現了故事的妙用，朋友便經常將之用於生活之中。比如，兒子玩得滿頭大汗、興奮不已時，自己喊破嗓子也無法讓他安靜下來。這時候只要說：「寶貝，過來媽媽給你講故事。」兒子就會乖乖地跑過來聽故事了。再比如，兒子有段時間老尿床，他自己為此很難為情，於是，朋友給兒子講了一個小松鼠尿床的故事。在故事中，朋友告訴兒子，小朋友都會尿床的，當他們長大以後，就不會尿床了。孩子聽了故事就不難為情了。

就這樣，透過講故事，朋友教會孩子很多知識。由於孩子對聽故事感興趣，當媽媽講故事時，孩子的注意力特別集中，對故事中的道理接受得也很快。在聽故事過程中，孩子會逐漸學會明是非、辨美醜、懂事理、講禮貌。

不僅如此，孩子還把自己聽來的故事說給同學們聽，自己的表達能力得到了很好的訓練，還被同學封為「故事大王」。

大家聽了這個「故事法」，都覺得很好。不過有人說我家孩子就是不喜歡聽故事，那就無法用這個方法了。朋友笑了說，我只是舉個例子，每個孩子不一樣，當媽媽的最瞭解自己的孩子，也最能發現適合自家孩子的好方法。

我聽了朋友一席話，對她很佩服，怪不得她把孩子教的那麼好，看來天底下的事，只要用心，沒有做不好的。

適合的才是最好的

朋友的「故事法」讓我對我的教育方式進行了反思，的確，我似乎一直關注著教育結果，對於教育方式本身缺乏思考。

什麼樣的教育方式才是最好的教育方式呢？我想應該從教育這種活動的基本要素說起。教育包括教育者、受教育者和教育影響。很顯然，教育者要把教育影響施加在受教育者身上，希望受教育者能在自己的教育影響下發生預期的變化。那麼，最好的教育方式就應該是和受教育者搭配度最好的教育方式了。所以在我們教育孩子的時候，最適合孩子的教育方式就是最好的教育方式。

教育學的研究顯示，現實中個體的差異，是一切教育的起點和基礎。要知道孩子最適合哪種方式，就要基於媽媽平時對孩子的細心觀察。從幼兒時期開始，媽媽透過對孩子的仔細觀察，就會發現自己的孩子具有獨特的個性，比如：有的媽媽發現孩子在學習時必須看過才可以記得；有的媽媽發現孩子不愛看書但是聽過別人解釋後就容易瞭解；有的媽媽發現孩子喜歡自己動手，遇到問題必須親自動手實際操作和體驗才能理解，這些都是孩子個性特徵也是孩子習慣的學習方式。在瞭解了孩子的學習方式是什麼以後，媽媽們就可以有的放矢地調整自己的教育方法了。

我有意識地實驗了一次，效果果然很好。果果之前不喜歡刷牙。每天早上和晚上我們都要為此跟他費很多口舌。為了改變這個不好的習慣，我仔細想了想，果果不是最聽班導李老師的話嗎？於是我聯繫了李老師，跟他說了一下果果的情況，建議他在班上舉辦一個「保護牙齒」的教育活動，告訴孩子們刷牙的重要性。李老師欣然答應了。果然，週一晚上睡覺前果果就自己去刷牙了，還跟我說：「李老師今天說了，要想牙齒裡面不長小蟲子，就要早晚都認真刷牙。」

看來，用對方法真是事半功倍！

Chapter 3

改變自己——從改變對孩子的態度開始

當媽媽決定從改變自身開始，來改變教育孩子的現狀時。首先應該反思的是自己對孩子的態度。態度決定行動，那麼就請先搜羅一下不良態度，然後對症下藥吧！

1、向暴脾氣說「NO」

任何時候，暴躁的脾氣只能說明我們的無能。教育孩子的時候也一樣。

先來看看對孩子發脾氣的壞處

我承認我不是一個溫柔有耐心的媽媽。剛坐完月子的時候，果果喜歡哭鬧，有時候半夜不睡覺，要我抱著一直搖晃才安靜，不然就一直哭。我有時候自己睏得不行了，還要抱著他滿屋子轉，心裡就生出很多怨氣。有一次，他又哭鬧，我抱著晃了老半天還不停，我實在忍不住就朝著他的小屁股打了兩巴掌，還對他吼起來「哭什麼哭！」他呆呆看著我，稍微愣了兩秒鐘，接下來哭得更起勁了。

我當時就後悔了，陷入深深的自責之中，我怎麼可以打一個什麼都不懂的小嬰兒呢？我這樣還配做媽媽嗎？同時還擔心會不會嚇著他，會不會給他幼小的心靈帶來什麼傷害。總之，逞一時之快，打下那兩巴掌非但沒讓我消氣，還讓我更難受了。

在果果成長的過程中，對他發脾氣的事情時而發生。這個小傢伙擁有很強的惹媽媽生氣的能力，總是刺激我脆弱的神經。我不時就會變成一個很沒有風度的媽媽，對著自己的孩子大聲吼叫，甚至直接動手。不過我經過長期觀察發現，發脾氣確實是一種不好的做法，不利於家庭和諧，不利於自己的健康，也不利於對孩子的教育。

動不動就對孩子發脾氣，壞處多多。主要有以下幾個方面：

◎發火之後，我們會後悔

在氣頭上，媽媽們往往會說出、做出不該說、不該做的事情來。過後看看無關緊要的一些小事，在大發雷霆的時候都可能被上綱，演變成對孩子人格和情感的攻擊。當妳心情好的時候，孩子打破了碗，你可能會提醒孩子小心些，發脾氣的時候，妳就可能說：「你這孩子怎麼這麼沒用，拿個碗都拿不好！我怎麼生了你這麼個孩子！」這些話當時說了很消氣，但孩子可能會記一輩子——根據佛洛伊德的理論，兒童對他們早期生活中的情感經歷極為敏感，尤其是他們與父母的關係。

◎發脾氣最終無濟於事

當不能得到孩子的合作時，妳選擇發火來威懾他。咆哮一通之後，他可能暫時屈服而聽妳的話。但明天呢？後天呢？在另外的事情上呢？以怒火制伏孩子，教導孩子的是恐懼，而不是自我約束。根據美國科學家的調查，經常發脾氣的媽媽的孩子更不合作，更不容易管教。

◎孩子會對妳的憤怒產生免疫力

經常大喊大叫的結果是孩子很快知道什麼會惹妳生氣，但他已經習慣妳生氣了，變得對此無動於衷，最後在妳叫得實在太厲害的時候，他會讓步，但不是因為他覺得自己做了不好的事，而是為了降低妳的分貝。結果是妳下次不得不發更大的脾氣。所以，濫發脾氣就像濫用抗生素一樣，很危險。

◎傷害孩子幼小的心靈

經常對孩子發脾氣，妳的孩子可能變得膽小、畏縮同時牢騷滿腹。根據美國心理學家鮑姆恩的研究，被父母以專制高壓手段培養出來的孩子，在成年後往往缺乏積極的進取心，更容易情緒低落，甚至出現自殺念頭。是不是很可怕？

冷靜冷靜再冷靜

既然發脾氣壞處多多，那麼媽媽們想要發脾氣的時候，就必須提醒自己：要冷靜，一定要冷靜！

某天，我和果果一起去外婆家，回來的時候我們坐計程車。可能是坐車比較無聊，他對我戴的玉鐲子產生了興趣，一定要拿下來玩。因為我長胖了一些，鐲子已經變得有點緊，取不下來。我告訴他這個要回家抹上香皂才能取下來。他開始不高興，哼哼唧唧的，繼而發起了脾氣，大哭大鬧。我最不能忍受小孩子的無理取鬧，尤其是在公眾場合（還有司機叔叔呢！），於是忍不住訓他：「不許哭！再哭把你扔出去！扔在路邊！」很明顯，我的這招根本無濟於事，他繼續哭，而且話一出口，我就意識到自己有多愚蠢！就算他繼續哭，我又能怎樣？我捨得把他扔下嗎？如果他繼續哭，我又不扔，接下來怎麼辦？

然後我就不理他，我想他自己哭累了也就不會哭了。但他並沒有要停止的意思，而且司機已經表現得有點不高興。我急忙向司機道歉，然後趕緊想辦法。顯然恐嚇和責罵只能讓他哭得更厲害，這種方法不可取。其實他的目的很簡單，把手鐲取下來玩。但他還不能理解手鐲取不下來這個事實，以為媽媽不給他玩，或者覺得自己取不下來很受挫折。那麼，不讓他哭就要解決根本問題了，怎麼解決呢？

我故意提高聲音說：「哇，媽媽想到辦法了！」這下有效了，他停下來，好奇地看著我。我把胳膊在他面前晃了晃，然後把手鐲轉了轉，放到我耳邊聽了聽，很神秘地告訴他：「媽媽剛才聽到玉鐲和我說話了，它說要取下鐲子必須要有一點魔法才可以！」果果睜大眼睛看著我。我接著說：「這個魔法只有奶奶會哦！我們快快回家找奶奶幫我們取下來好不好？」哈哈，他上當了，很高興且急切地想要回家去。

所以，當我們冷靜下來，結果就會不同。

除了冷靜，當然還要有耐心。孩子畢竟是孩子，成長是個艱難的過程，他有足夠多犯錯的權利，而做為媽媽，對孩子無限包容是我們義不容辭的責任。

2、愛他就要信任他

如果我們一直相信孩子能做好，他就真的能做好。

「希望」和「相信」的差別

很多媽媽可能和我一樣，在和孩子說話的時候，會說很多讓他怎麼做，希望他怎麼做，如果不怎麼做會怎麼樣之類的話。「要好好吃飯，不然就長不高了！」「要早點睡覺，不然會變笨哦！」「要好好聽老師的話，這樣老師才會喜歡你。」「過馬路的時候要拉著媽媽的手，不然就會被汽車帶走的。」……仔細回味一下，是不是全是命令的口吻？是不是透著那麼點不信任？因為知道他不會主動那麼做，所以才要命令，才會恐嚇，「要不然就會……」

對於還不怎麼懂事的孩子來說，告訴他媽媽希望他怎麼做，確實是很有必要。但是要想把媽媽的期望變成孩子的主動行為，與其說「媽媽希望你……」，不如說「媽媽相信你會……」，無數事實證明，媽媽的信任能激發出孩子的巨大潛力。我們很多人都看過電影《阿甘正傳》，下面我們來看一個媽媽的故事：

第一次參加家長會，幼稚園的老師說：「妳的兒子有過動症，在椅子上連三分鐘都坐不住，妳最好帶他去醫院看一看。」回家的路上，兒子問她老師都說了些什麼，她鼻子一酸，差點流下淚來。因為全班30位小朋友，唯有對他，老師表現出不屑。然而她還是告訴她的兒子：「老師表揚你了，說寶寶原來在椅子上坐不了一分鐘，現在能坐三分鐘。其他媽媽都非常羨慕，因為全班只有寶寶進步了。」那天晚上，她兒子破天荒地吃了兩碗飯，並且沒有讓她餵。

兒子上國小了。家長會上，老師說：「這次數學考試，全班50名同學，妳兒子排名第40名，我們懷疑他智力上有些障礙，妳最好能帶他去醫院檢查檢查。」回去的路上，她流下了淚。然而，當她回到家裡，卻對坐在桌前的兒子說：「老師對你充滿信心。他說了，你不是個笨孩子，只要能細心些，會超過坐在你隔壁的同學，這次你的同學排在第21名。」說這話時，她發現兒子黯淡的眼神一下子舒展開來。她甚至發現，兒子溫順得讓她吃驚，好像長大了許多。第二天上學，去得比平時都要早。

孩子上了國中，又一次家長會，她坐在兒子的座位上，等著老師點她兒子的名字，因為每次家長會，她兒子的名字在差等生的行列中總是被點到。然而，這次卻出乎她的預料——直到結束，都沒有聽到。她有些不習慣，臨別去問老師，老師告訴她：「依妳兒子現在的成績，考知名高中有點危險。」她懷著驚喜的心情走出校門，此時她發現兒子在等她。路上她搭著兒子的肩膀，心裡有一種說不出的甜蜜。她告訴兒子：「班導師對你非常滿意，他說了，只要你努力，很有希望考上知名高中。」

高級中學畢業了。第一批大學錄取通知書下達時，學校打電話讓她兒子去一趟。她有一種預感，兒子是被知名大學錄取了，因為在報考時，她對兒子說過，她相信他能考取這所大學。兒子從學校回來，把一封印有知名大學招生辦公室的信件交到媽媽的手裡，突然轉身跑到自己的房間裡大哭起來，邊哭邊說：「媽媽，我知道我不是個聰明的孩子，可是，這個世界上只有妳能欣賞我……」這時，媽媽悲喜交加，再也按捺不住十幾年來凝聚在心中的淚水，任它打在手中的信封上。

看完這個故事我很慚愧，相較之下，我對果果真的是缺乏信任。只要老師向我說他有什麼缺點，我一定會責備他；只要他想要做什麼事情，我總是覺得他做不好，不敢放手讓他去做；只要有機會，我總是會孜孜不倦地告訴他要怎麼樣。結果呢，他該做錯還做錯，反正不出我的意外──早知道他做不好。

看了這個故事，我想真的應該試著去信任我的孩子，告訴他媽媽相信他會好好吃飯、好好睡覺，相信他會是一個聰明好學的好孩子。

教育中的「皮格馬利翁效應」

「皮格馬利翁效應」也稱為「羅森塔爾效應」或「期待效應」，是指人在被寄予更高的期望以後，會表現更好的一種現象。它產生於美國著名心理學家羅森塔爾的一次有名的實驗。

在羅森塔爾的實驗中，他和助手來到一所學校，先對國小一至六年級的學生進行一次名為「預測未來發展的測驗」，實為智力測驗。然後，在這些班級中隨機抽取約20％的學生，將這些學生的名單交到教師手中，告訴他們這些學生是經過測試選出來的「在未來最具發展潛力的一批學生」。

8個月後，他們又進行了第兩次智力測驗。結果發現，之前被隨機選出的那些學生，比其他學生在智商上有了明顯的提高。這一傾向，在國小一、二年級的學生身上表現更為明顯，在智商為中等的學生身上表現得尤為顯著。而且，從教師所做的行為和個性的鑑定中可知，被期望的學生表現出更有適應能力、更有魅力、求知慾更強、智力更活躍等傾向。

到底是什麼導致了這些變化呢？羅森塔爾等人經過研究，發現是教師的期望改變了學生的表現。顯然，在羅森塔爾等人選出的學生名單對教師產生了暗示，左右了教師對這些學生能力的評價；而教師又將自已的這一心理活動透過情緒、語言和行為傳染給了學生，使他們強烈地感受到來自教師的熱愛和期望，變得更加自尊、自信和自強，進而使各方面得到了異乎尋常的進步。教師的期望會傳遞給被期望的學生並產生鼓勵效應，使其朝著教師期望的方向變化。

用在家庭教育中，皮格馬利翁效應告訴我們，作為父母，要想孩子表現好，我們首先要相信他能表現好。一些教育專家在家庭調查中發現，子女對父母有特殊的信任，他們往往把父母看成是自己學習上的啟蒙老師，德行上的榜樣，生活上的參謀，感情上的摯友。他們也特別希望能得到父母的信任，像朋友一樣和父母平等的交流。

他們認為，只有父母的信任，才是真實、可靠的。父母的信任意味著壓力、重視和鼓勵，這是真正觸動他們心靈的動力。父母如果能從對孩子的信任出發，就能培養孩子們的積極性，讓孩子在別人的鼓勵和信任中不斷地進步。

3、愛他就要愛他的全部

最好的愛，其實是悅納。

做了媽媽才明白的事

果果小的時候白白胖胖的，誰見他都會誇他可愛，甚至要抱抱他、親親他。每當還沒有孩子的朋友羨慕地對我說：「妳家寶寶太可愛了，以後我要是也有個這樣的寶寶多好！」我總是會回答：「會有的，會有個更可愛的呢！」其實我心裡想的是：「等有了之後妳就會明白，寶寶除了可愛，還有可恨！」

當然，可愛是大部分時候的表現，可恨是少數時候的表現。可恨的時候，他淘氣，把家裡搞得一團糟，不聽話，不讓他動的東西一定要去動，不讓他去的地方一定要去，不滿足他無理要求的時候，他撒也要賴……真是恨得我牙癢癢。於是會打他、會罵他、會罰他，希望他改掉一切我眼中的壞毛病，變成我想像中的那個完美孩子。

就好像很多女人結婚之後想改變丈夫一樣，有了孩子之後，很多媽媽也想改變自己的孩子。事實證明，結果都是一樣的：不僅不會改造成功，還會造成雙方之間的衝突。

「完美孩子」情節讓我不斷試圖改造果果。為了讓他不那麼好動能安靜一些，我讓他去學習書法，結果學了一段時間遭到他的反抗，不願意繼續學了；為了讓他愛上午睡，我把他按在床上，守著他讓他睡覺，結果他以哭鬧來進行反抗；為了讓他改掉破壞玩具的「毛病」，我把他所有的玩具都鎖起來，不讓他玩，結果他搶了別人的玩具……

經過很多次失敗的嘗試，我反思自己的行為。最後明白了雖然孩子可塑性很強，在很多方面可以接受我們的改造，但他永遠也變不成我們心目中的那個理想的孩子。

即便這樣，孩子還是時刻牽動著我們的心。因為我們是愛他的，所以心情總是隨著孩子的表現而出現起伏，對孩子的表現也會因此而發生變化。當他表現得符合我們期望的時候，我們對他和顏悅色，讚賞有加；一旦他的表現偏離了我們的期望，我們忍不住對他惡言相向，心灰意冷。以致於孩子們覺得媽媽只愛那個有優點的自己，討厭有缺點的自己，於是孩子會恐慌、會害怕偏離媽媽的期望。一旦他覺得自己偏離了媽媽的期望，他可能會自責、會逃避，甚至會因為自責而自我傷害。

每個孩子都有自己獨特的個性，有的孩子天生活潑好動，有的孩子天生不愛說話，有的孩子天生小心謹慎顯得比較膽小，有的孩子大大咧咧容易粗心大意，可能孩子的個性中有我們不喜歡的成分，但那是很難改變的。我們能做的就是悅納。

「悅納」，就是「愉悅的接受」，是一個心理學術語，常用於「悅納自我」，本來指人的心理健康有一個重要的指標，那就是接受自我，既要看到自己的優勢，還要瞭解自身的弱點，繼而客觀、全面、愉快地接受自我。而「悅納孩子」，就是要求家長看到孩子的優點，又要正視孩子的缺點，繼而全面、客觀、愉快的接受，並給予孩子正確而又科學的指導。

悅納孩子是媽媽對孩子無條件愛的一部分，它會使孩子知道即使他是與眾不同的，即使他不是妳所期望的樣子，妳也會把全部的愛給他，接納他。

縱容不是愛

悅納不同於縱容，而縱容，不是愛。

縱容孩子的媽媽對自己孩子的優點總是讚不絕口，到處向別人誇耀自己的孩子是多麼好，似乎想讓全世界都知道自己有個多麼優秀的孩子；但對孩子的缺點，卻視而不見，充耳不聞，聽之任之，當別人指出孩子的缺點時，他們還替孩子找藉口，遮遮掩掩，或者還把孩子的缺點當成優點加以痛愛。

這樣做事實上就是助長孩子的缺點、錯誤和過失，使孩子更加有恃無恐，久而久之，就會使孩子形成驕傲自大的心理，有了錯誤也意識不到，意識到了也不當一回事，最終在錯誤的道路上越走越遠。父母以為的愛孩子，最終成了害孩子。

悅納孩子的媽媽知道自己孩子的優點和缺點，知道讚揚孩子的優點，同時也不迴避孩子的缺點，勇敢地接受孩子的缺點、不足或缺陷。接受缺點是孩子的一部分，不苛求孩子完美；寬容孩子的錯誤，幫助孩子克服自己的不足，相信孩子能不斷完善自我，不斷進步。在這樣的媽媽面前，孩子總會找到自信、找對自我。

4、蹲下來和孩子講話

在父母放低姿態，蹲下和孩子說話的那一刻，父母和孩子的心就更近了一步。

向幼稚園老師學習

不知道媽媽們有沒有和我一樣的感受，寶寶在家裡調皮，不聽話，但是到了幼稚園就變乖了，一回家嘴裡就是「老師說……」有時候弄得我這個當媽的醋勁大發。同樣的話，媽媽說了不聽，老師一說就見效了。

我很用心觀察過幼稚園老師和孩子相處的情形。她們對待孩子幾乎一直保持著笑臉，說話聲音也總是很溫柔，還有一點和大多數媽媽們不一樣，她們和孩子說話經常是蹲下來的。老師蹲下來的高度和孩子的身高差不多，所以說話的時候，可以保持和孩子的眼神對視。

有一次，我和果果的一位老師探討過這個問題。老師告訴我，在對新幼兒教師進行入職培訓的時候，都會強調盡量蹲著、跪著或者坐著和孩子講話，因為根據長期的經驗發現，老師們蹲著、坐著或者跪著與幼兒臉對臉，視線保持一致進行交流，效果比站著交流的效果好。站著說話的時候，孩子們的注意力好像不是很投入。

哦，原來如此！對於這經驗之談，我自然要好好學習了。從那之後，我在家和果果說話的時候，也試著蹲下來和他說話。我蹲下來的高度比他要矮一些，要稍微昂著頭才可以看著他的眼。幾次下來，我感覺昂著頭說話的感覺相當不好。於是我就可以體會到平時果果和我說話的時候，要昂著頭看我的感受了。

當我蹲著和他講話的時候，他果然要更專注；當他哭了或者難過了，我蹲下來拍拍他的肩，或者和他來個擁抱，感覺也很好；當他生氣的時候，我蹲下來逗逗他，他也很容易就笑起來；當他受委屈了，我蹲下來，幫他擦掉眼淚，讓他跟我說說事情的前因後果，他會很樂意跟我說說發生了什麼事。有的時候，我跟他說媽媽心情不太好，他還會學我安慰他的樣子，摸摸我的臉，拍怕我的肩，抱抱我。這樣的溫馨場面，我都被他感動了。如果我還是高高地站在那裡，大概就享受不到這一切了。

而且蹲下的時候，我也能設身處地瞭解孩子眼裡的世界。比如，我發現家裡的沙發、桌子、椅子、床對果果來說都顯得太高了，於是我果斷地給果果買了一套兒童桌椅──之前還一直猶豫，覺得挺佔地方，想讓他湊合用大人的就好了。

和老師學的這一招看來還是很管用的。有時候覺得總蹲著講話有點累，就對這種交流方式進行了因地制宜地改造：只要能和果果保持同等高度就可以，比如我坐在椅子上，讓果果坐在他專用的高腳餐椅上和我講話……

蹲下來，不僅是一種姿勢

蹲下來不僅是一種姿勢，更是一種態度——尊重和平等對待的態度。有人會說，父母和孩子怎麼可能真正平等呢？父母是成人，孩子畢竟還是孩子；父母凡事有經驗、有想法，孩子行為處事都還很懵懂；遇到事情了父母要拿主意，孩子通常提不出什麼有建設性的意見。

對，這些都對！但正因為如此，我們才要教育孩子。要教育孩子就需要他接受教育，而且是愉快地接受教育才會獲得好的效果。如果父母永遠高高在上，總是習慣對孩子發號施令，把自己的思維和主觀願望強加到孩子身上，而很少考慮到孩子內心的想法，那麼這種教育顯然很難順利進行下去。當父母們放低姿態，把自己變成和孩子一般高時，孩子會從父母臉上看到愛意、真誠和平等，就會認真地聽父母說話，而不是心不在焉。

做父母的，總是希望能在孩子心裡樹立起自己的權威。但如果把握不好這個尺度的話，權威就容易變成專制，反而會有損父母的權威。父母之所以為父母，是因為父母在家庭教育中對整個教育過程發揮著主導作用。如果想讓孩子理解自己的良苦用心，需要父母先主動設身處地為孩子著想，考慮孩子的感受。所以，倒不如蹲下來，放低姿態，和孩子平等地交流。當父母能夠和孩子建立很好的關係，可以交流順暢的時候，對孩子施加影響也就變得更容易。

我們的目的是一樣的，就是好好教育孩子。那麼在能達到目的的前提下，為什麼不選擇一些彼此都覺得輕鬆的方式呢？

5、他不是「十項全能寶寶」

天底下不存在十全十美的人，所以我們沒有理由要求孩子完美。

當小孩也很辛苦的

果果的姑姑是一名國小教師。有一次我們在一起聊天，我問她：「國小老師應該比較輕鬆一些吧！因為沒有升學壓力。」姑姑急忙搖頭，說：「現在上國小可不像我們原來的那樣了，現在的孩子很辛苦，因為家長的要求都很高，所以我們老師壓力也很大。要好好學習，要遵守紀律，要關愛他人，要講究衛生。這些是最基本的，要活潑、要開朗、要自信、要堅強，還要有特長，最好是鋼琴能舉辦個人演奏會，繪畫能在全國獲獎……總之，現在的家長真的很貪心。」我知道她的話有一點誇張，但也是實情。看看學生們沉甸甸的書包和例假日背著樂器、畫具之類的奔走在路上的家長和孩子就知道了。

有一個同事，她女兒四歲開始學習小提琴，到現在七歲，聽說水準已經相當了得，常常被邀請參加市內各種文化娛樂演出。由於才藝特長，她女兒去年被一所知名學校錄取。上國小之後，這孩子不但學習很認真，練琴也沒耽誤。照說這種情況下，孩子的時間應該相當飽和了，但是今年初，同事又給孩子報了一個舞蹈班，她的意思是，女孩子小時候練練舞蹈，對身材和氣質都是很有好處的。最近聽同事抱怨了，說孩子真是沒有舞蹈天分，很簡單的動作都練不好。

我真是打從心裡羨慕這個孩子，也打從心裡同情這個孩子。羨慕她小小年紀就顯露出眾的才華，羨慕她有這麼好的條件發揮自己的特長；但是也同情她小小年紀就要承受這麼大的壓力，在本應該輕鬆的年紀過得這麼沉重。

同樣是媽媽，我也很能理解這個同事的心情。做父母的希望自己的孩子優秀，希望他們能有一個美好的未來，所以不遺餘力為孩子的發展創造更好的條件。孩子表現不好，希望孩子能表現好；孩子表現好了，希望更好！

但是我想，有時候媽媽們可能有點脫離實際了。正常情況下，一個人有擅長的也有不擅長的，而且精力是有限的，能做好一件事情就已經不容易，想把所有的事情都做好那幾乎是不可能的。所以希望歸希望，實際操作的過程中，還是要從實際出發比較好，這樣不會給孩子造成不必要的負擔，也不會給自己帶來不必要的失望。

不求最好，只求更好

記得果果小的時候，我和他爸爸信誓旦旦，以後等他上學了，不管他成績怎麼樣，只要他身心健康就好；長大之後不管他從事什麼職業，只要合理合法，只要他自己願意做就好。

但是隨著他慢慢長大，當初的美好願望終於被現實的殘酷擊得粉碎。身心健康就好顯然不符合時代發展的潮流了。到處都是看上去身心健康的孩子，所以怎麼能不去管他成績怎麼樣呢？到處都是會讀書的孩子，沒有一兩項讀書之外的本領，怎麼能適應要求越來越高的社會呢？

我們只是最平凡普通的父母，沒有特立獨行的勇氣和魄力，所以在對孩子的要求方面，也常常隨波逐流，想要他成績好，想要他個性好，想要他能力強，想要他有特長。總之，希望他能是一個集所有同齡孩子優點於一身的孩子——雖然明知道不可能。於是經常對他表現出來的不足感到失望，對於他表現出來的優點希望他能更好，給他很多壓力，也給我們自己很多壓力。

我們自認為對孩子高標準嚴要求是為了讓他能有一個美好的未來。但我們想像中的美好未來無非是上知名高中、上知名大學、找高收入的穩定工作。配合我們這些年的人生閱歷來看，這些其實只是我們想像中的美好生活。真正的生活是要他自己去過的，美好不美好也是他自己去體會的。如果我們現在連一個美好的童年都不能給他，有什麼信心說我們是為了他將來的美好生活呢？

有一次和果果的爸爸閒聊的時候，我們都很感慨：「當初想得多美好，現在怎麼變成這樣了呢？我們終究還是落入俗套！」

要想自己和孩子的處境都能更好一些，我想我是該換換想法了。孩子可以有自己擅長的方面，也可以有自己的不足，這種不足可能並不是透過努力就可以彌補的。所以我們要接受現實，不要苛求太多，只要他能保持積極向上的心態，能發揮自己的長處，能正視自己的不足並盡量去彌補，那不就可以了嗎？

6、孩子也可以說不

當孩子對妳提出的要求說「不」的時候，不要生氣，那說明他已經有自己的想法了。

果果總說「不」

果果一歲多的時候，有段時間特別愛說「不」。例如我對他說：「多吃蔬菜身體好！」他就說：「多吃蔬菜身體不好！」我對他說：「來，媽媽給你講故事。」他就說：「媽媽不給我講故事！」我說：「果果真是個好孩子！」他就說：「果果不是好孩子！」本來他已經想上廁所了，如果你在這個時候問他要不要去，他肯定會說：「不要！我不要尿尿！」然後一分鐘都沒過就尿褲子……這種狀況直到三歲左右才好一點。心理學上說，兩歲左右是孩子人生中的第一個叛逆期，果然是的。

那時候我摸索出規律了，知道他說「不」只是顯示自己有自我意識了，並不是真的打定主意跟我作對。所以我有時候因勢利導，不要他做什麼事情的時候，我就讓他去做，他果然就不去做了。有時候還覺得像跟他玩遊戲一樣，很有意思。

等到他慢慢長大，真的有了自己的主意，就有了越來越多的真正不聽話的時候了。每當這時，我都有點抓狂。一來覺得自己的家長權威受到了挑戰，二來感覺到果果不聽我安排以致於很多事情都不在自己控制之中了。每當他跟我作對，我就會生氣，說他不乖。

我們倆經常為了小事鬧彆扭。比如，果果有一件迷彩的吊帶褲，他特別喜歡，穿在身上捨不得換下來，我讓他換，他就是不換，我給他穿上別的衣服，他就反抗哭鬧。我一生氣，就給他兩巴掌，他就坐在地上哭，我也氣了，不理他。這時候必須奶奶來安慰他，他才會停止哭鬧。

我讓他見到認識的人都要打招呼，但是有時候我們見到樓上的鄰居阿姨，果果就是不和她打招呼，阿姨熱情地和他搭訕，他也是愛理不理。我說果果不懂禮貌，他就說：「我不喜歡那個人，她很兇。」曾經有一次，那個阿姨在社區裡和別人吵架，被果果看到了。但不管怎麼樣，我還是覺得果果不應該因此就不和人家打招呼，讓得我很沒面子——人家會覺得是我沒教好孩子。

更生氣的是，他有時候還會和我頂嘴。比如他把玩具拿出來玩，玩完了就隨便放在地上，自己跑去看電視。我讓他先收好玩具再看電視，他說：「我現在不想收，等我想收的時候再收。」我問：「那你什麼時候想收？」他說：「就是想收的時候。」我氣得關掉電視不讓他看，他就叫起來：「媽媽妳太壞了！妳不能干涉我的自由。」我更氣了，真恨不得揍他一頓。看我生氣，他還得意了，對著我做鬼臉。

我仔細回憶我小的時候是不是也曾這樣不聽話，但是想不起來，總覺得自己一直是聽話的孩子，怎麼生出這樣調皮的孩子來呢？

一次跟果果的外婆說起來，她笑著說：「妳小的時候不也這樣嗎？只不過可能是女孩子，沒有果果這麼淘氣，但不聽話的時候多著呢！孩子有自己的想法就說明他長大了，妳該高興。」

我該高興嗎？如果這是媽媽安慰我，那我也這樣安慰自己吧！

孩子也可以有不聽話的時候

有一次和同事聊各自的孩子，我痛訴果果不聽話的種種劣跡。同事聽得直笑，她說：「我覺得妳兒子很可愛，挺有想法的。」我說：「那是妳沒遇到這樣的孩子，要不然妳也會氣得不行。」

同事說：「我就不要求孩子處處聽話，只要她說的有道理，我就聽她的。妳想，要是像妳要求的那麼聽話，讓她做什麼就做什麼，讓他吃他就吃，讓他睡他就睡，不哭不鬧，乖巧可人，那就不是正常孩子了。長大之後也沒個主見，跟奴隸似的，多可怕啊！」

聽了同事的一番話，我很受啟示。我們總是希望孩子聽話，希望他乖，在家聽爸爸媽媽、爺爺奶奶的話，到學校聽老師的話。因為聽話的孩子好管理，說到底，就是我們的自私了。為了省去很多麻煩，要求孩子不要有不同於我們的想法，不去做我們不允許的事情。但事實上，我們就一定對嗎？如果我們錯了，孩子還需要聽嗎？很多事情並沒有對錯之分，為什麼一定要按照我們的想法來呢？孩子也是人，難道不能有自己的想法和喜好嗎？

想來想去，我還是覺得我想要一個聽話的孩子，但更想要一個遇事有自己想法的孩子。

7、孩子的手做成果也需尊重

父母對於孩子的手做成果、行動的收穫，哪怕是微不足道的也要加倍愛護，因為這是激發孩子繼續行動的強大動力。

老師的忠告

幼稚園中班的時候，有一次參加家長會，果果的老師給家長們提了一個建議：「要尊重孩子的手做成果。」老師說：「經常有孩子到我這裡來告狀，說『老師，昨天媽媽把我剪的紙扔到垃圾桶裡了。』『老師，昨天爸爸把我剪的小白兔扔了。』孩子雖然小，但也有自己的想法。有時候孩子比我們成人更需要尊重。不管孩子剪紙剪得好不好，但在他心裡都是最好、最美的，因為那是他自己親手做的，凝聚著他的興趣、熱情和創造。孩子希望爸爸媽媽喜歡他的作品，欣賞和讚美他的作品。如果我們不尊重他們的手做成果，他們就沒有動手的積極性了……」

老師說的是實情，包括我在內的很多爸爸媽媽可能都曾有意無意地破壞過孩子的手做成果，或者無視過孩子的手做成果。

果果上了繪畫班後，似乎對繪畫有了一些興趣，經常在家裡畫畫，家裡各種大大小小的紙都被他當成畫紙，有時候還會在牆上信筆塗鴉。一開始，我覺得挺有意思，看到他的作品時就會鼓勵他，並幫他保存起來。時間久了，畫作太多了，我嫌亂，打掃屋子時就會把我認為畫得不太好的給它扔掉一些。每次他發現他的畫被我扔進了垃圾桶，就會非常不滿，說：「媽媽，妳又給我丟了，我還要呢！」我都會應付幾句，也沒有放在心上。

我生日之前幾天，果果就說要送我一份禮物，我很好奇到底是什麼，可是他就是不告訴我。生日那天早上，他一起床就跑到我的房間裡，手裡拿著一幅畫，對我說：「媽媽，生日快樂！這就是我送給妳的禮物！」

我拿過來一看，是他自己畫的畫，說實話，我覺得畫的一般，但我還是很感動，畢竟是他的心意，我對他說：「畫得真好，媽媽很喜歡，謝謝你的禮物！」然後我就隨手放在了梳粧檯上。沒想到果果看見了，他拿著自己的畫說：「媽媽，我知道妳不是真心的喜歡這幅畫！」「為什麼？我很喜歡的！」「妳以前經常把我畫給扔了，妳不喜歡我的畫，這次也一樣！」說著，他拿著畫跑回了自己的房間。

我內疚極了，可能是果果對我的態度太敏感，可能從內心深處，我沒把他的畫當一回事，以致於這種心理被他洞察無遺。總之，我沒有對他的手做成果表示出應有的珍惜和尊重，讓他傷心了。

我跟果果道了歉，要回了他送我的畫，並把它珍藏在家庭相冊裡，果果這才開心起來。

手做成果的形式多樣

我們教育孩子要珍惜和尊重別人的手做成果，首先我們就應該珍惜和尊重他們的手做成果。孩子的手做成果可能是有形的，比如他們做的手工，畫的畫；也可以是無形的，比如他們與眾不同的觀點，創新的思維……等等。不論有形無形，只要是孩子用心去創造的，花費了心思和時間的，都是值得我們珍惜和尊重的。

我的一個朋友，在裝修新家的時候，把他女兒的一些畫拿去用精美的相框裝裱起來掛在顯眼的位置來裝飾客廳的牆壁。我們去他們家，他就向我們介紹那些畫是出自自己的孩子之手。不要以為他女兒是個畫家，其實他女兒才上國中，那些畫也都是很粗陋的畫。我想，他的做法一定會讓他的女兒信心大增，進而畫出真正優秀的作品。

有一個知己好友，總是樂呵呵地向我們轉述她兒子的奇思妙想，和說過的那些有意思的話。印象最深刻的是，她說她兒子每天等著開飯的時候，就要宣布：「開飯大典馬上開始！」她覺得兒子的想法很有創意，跟我們說的時候透著一股驕傲的神情。

我想，可能有的媽媽聽見孩子說這些話，會毫無反應，有的媽媽可能會責怪孩子不好好說話，但知己好友卻一直對孩子這種自由的思想保持鼓勵的態度，所以她的孩子也總是保持著活躍的思維。

我們可能都會看到幼稚園教室的牆壁上貼滿了孩子們畫的畫，掛著孩子們做的玩具。孩子們看到自己的作品都會很高興，因為那些都是自己手做的成果。這樣的做法展現了老師對孩子勞作成果的尊重。

那麼做為父母，我們有理由比老師做得更好。手做的過程是愉快的，手做的成果是愉悅感覺的延續和昇華，好的成果值得肯定，不好的結果同樣值得肯定和尊重。如果對孩子的手做成果不屑一顧，或者隨手就扔，甚至冷嘲熱諷，勢必會挫傷孩子的積極性，傷害他們的自尊心和自信心，也不利於培養他們珍惜別人手做成果的好習慣。

8、向孩子敞開心扉

有時候我們抱怨孩子不和我們說心裡話，其實我們可以主動一點，先跟孩子說說自己的心裡話。

給孩子懂你的機會

某天去接果果放學，回家的路上，我催他快點走，因為我回家還要處理一件工作上的事。經過麥當勞的時候，他非要到裡面的兒童樂園玩，說好了玩10分鐘就回家。可是10分鐘到了，他還不願意走。我威脅他說我要先走了，他就開始叫，不要我走。沒辦法，再玩5分鐘。出來之後又提出要吃甜筒和薯條，我平時是不許他吃的，因為急著回家，就答應了他。誰知給他買來之後他卻說要坐在裡面吃。我徹底失去耐心了，告訴他：「要嘛邊走邊吃，要嘛不要吃！」他很不高興，我也生氣了，拿著他的書包就往外走。他見我走了，就開始哭，我沒有回頭，他沒辦法，也跟在我後面出來了。

我走的快，果果被落在後面。回頭瞄了他一眼，見他一手拿著甜筒，一手拿著薯條，還邊走邊哭。甜筒在他手裡慢慢融化了，乳白色的汁水順著他的手指流淌，他全然不管。我一下子就心軟了。我想，也許我不應該那麼絕情地丟下他自己走，他畢竟還是個孩子，再說我也沒有跟他說明我的理由啊！

走到社區裡面，我坐在路旁的長椅上，等著他。他走過來，見我坐在那裡，也跟著站在我旁邊，已經不哭了，但還是抽噎著，看來委屈還不是一點點。甜筒快要化完了，脆皮都變軟了。我拉他坐在我旁邊，拿出紙巾，幫他拿著薯條，讓他擦擦手，先把甜筒吃了。他乖乖吃了。吃完我再幫他擦擦嘴。

他低著頭不說話，我想跟他好好解釋一下，就說：「果果，媽媽不是存心要惹你不高興，但是今天工作沒有做完，我急著回家做，所以才催你回家。媽媽今天的工作沒有做完，就好像你作業沒有做完一樣，明天老闆就要責備媽媽，到時候媽媽會很沒面子，也會很傷心的。還有，媽媽上了一天的班，也覺得有點累，想回家休息休息，這樣明天才有精神上班。另外，你今天說話不算數，說好了10分鐘，你不守承諾，媽媽也有點生氣了。還有甜筒和薯條，媽媽之所以買給你，也是因為要急著回家，不是真的願意讓你吃，媽媽之前都說過很多次，這些是高燒量的食品。」

果果聽我說的有道理，自覺理虧，主動認錯，對我說：「媽媽，我錯了，薯條我也不吃了，我們回家吧！」當我們起身準備回家時，他像想起什麼似的，要接過我手裡的書包，還要接過我的手袋，對我說：「媽媽，您累了，我幫您背包包吧！」真是讓我感動。他背上自己的書包，一手拿著我的包包，一手拉著我的手往家走，還高高興興地說起了當天的新鮮事。

不要以為他不懂

很多媽媽抱怨不能和孩子好好溝通。孩子小的時候自己說的道理他不懂，孩子大了，想法多了，有什麼事情也不跟媽媽說，媽媽說的話也聽不進去了。其實，父母子女間的溝通，不僅是指孩子能夠對父母敞開心扉，還意味著父母也要盡可能地向孩子敞開心扉，表達自己的真實想法和感受，只有這樣，才能表現平等。孩子小的時候也可以多跟他說說自己的想法，不要以為他不懂，其實他能懂，只要我們用孩子能懂的方式表達就行了。

當孩子提出了無理要求，媽媽第一反應可能是強硬地去反對或阻止，其實倒不如心平氣和地和孩子說說自己的觀點和反對的理由。只要我們把道理擺明，把道理講透，他還是能服氣的，能意識到自己的要求有些過分，父母不同意是有道理的。

當覺得孩子不理解我們的時候，也不妨敞開心扉，讓孩子知道我們的生活閱歷和內心真實的想法。不要覺得一定要在孩子面前偽裝得強硬和完美才能更好地教育孩子，讓孩子理解我們也有困惑，也有軟弱，反而更能拉進和孩子的距離。

有的媽媽不習慣和孩子面對面說那麼多心裡的話，不妨給孩子寫封信，或者用講故事的方法來和孩子交流。有一個父親，每天下了班都推掉應酬，回到家裡第一件事情就是給正在上國小五年級的女兒寫教育日記，把一天來要給孩子說的話寫在日記本上，等女兒放學回來看。我覺得這位父親就是一個很有智慧的父親。

當我們以平等的姿態，以平和的心態，用孩子能夠接受的方式，向孩子敞開心扉，表達自己的想法和感受時，孩子也會理解我們的用心良苦，也會對我們敞開心扉。

9、別把他的自尊心不當回事

媽媽要懂得愛護孩子的自尊心，因為孩子的自尊心一旦被傷害，就很難恢復了。

其實他很在乎

那天和果果去商場買東西，在裡面碰見了一個朋友和她女兒，兩個孩子都禮貌地和大人打招呼，我們兩個大人的話題自然就說到了孩子。朋友的女兒和果果同歲，比果果小幾個月，聽說成績不錯。

我就羨慕地對朋友說：「看妳多幸福，生個這麼漂亮的女兒，又聽話成績又好！不像我家的果果，成績倒還過得去，就是太貪玩，又好動，不時地給我惹點事，真是讓我頭痛。」

朋友聽完笑著說：「男孩子都調皮，活潑是好事。我還希望我的女兒能活潑點，可是她有點內向，不太愛說話。」

我倆正說著，果果在一旁扯著我的衣袖，示意我該走了。我不好意思地和朋友說：「妳看，這孩子就是這樣，就惦記著去逛，等一會兒就不耐煩了！」於是和朋友告別，和果果接著逛商場。

果果有點悶悶不樂，本來說好幫他買衣服，看到新衣服也沒有讓他高興起來。我問他怎麼了，他不滿地說：「媽媽，妳又跟別人說我的缺點！我多沒面子啊！」

我笑著說：「你個小屁孩還知道面子呢？我也沒說什麼呀！總不能見人就誇自己孩子吧！那顯得多不謙虛啊！」

果果說：「那妳說我調皮還貪玩！我都知道改了妳還說我！」看來他真的很介意，於是我跟他說對不起，並保證以後不再對別人說他的缺點了，他才高興起來。

原來果果真的長大了，也知道要面子了。我還一直把他當小孩子，其實他幼小的心靈也渴望得到別人的尊重。而我，為了所謂的謙虛，拿他的缺點說事，傷了他的自尊。

其實我在這方面一直都還挺注意的，他真正的糗事基本上我都不會對外說。但是有時候大人們一起聊天，說起自家的孩子，基本都是數落缺點。當別的媽媽大說特說自己孩子缺點的時候，我如果不說點不就顯得太不合時宜了嗎？

我以為這是隨口說說而已，孩子也不會真的在意。其實，孩子真的很在乎，尤其是當著同齡人的面被媽媽揭短。

孩子比我們想像的脆弱

生活中常有這樣的場景：有的媽媽接孩子放學，看到試卷的成績之後就開罵：「你怎麼這麼笨，數學只考了40分！」還有的媽媽手上拿著試卷，在路上邊走邊指著孩子數落：「你怎麼回事啊！又考不及格，真是笨啊！怎麼教都教不會的，怎麼辦哦！」

孩子一臉無措地看著周圍的同學……一個爸爸怒氣沖沖地給孩子一巴掌，說：「誰叫你不聽話，誰叫你闖禍，我怎麼生出你這麼個孩子來，淨惹禍！」孩子憤怒地看著家長，卻一臉膽怯地看著圍觀幸災樂禍的同學……

一群媽媽帶著孩子在聊天，一個媽媽當著孩子的面笑話說：「看我家這個，十歲了還尿床，真沒有出息哦！」孩子臉紅地低下頭……

有的父母在數落孩子或者說孩子的缺點時，也許是出於一時心急，不是故意讓孩子難堪；也有的父母，就像我，是為了表現「謙虛」，找孩子的缺點來做為聊天話題；這些行為都可能傷害孩子的自尊，給孩子的心靈留下陰影。

還有的父母可能認為，孩子有缺點，做錯事，當眾說出來，讓他覺得羞愧，可以刺激一下他，促使他為挽回自尊而下決心改正。但事實上很多孩子在受到父母的羞辱之後，會產生更深的負罪感和心理上的自我貶低，變得自卑、敏感，喪失努力進取的信心。有些個性倔強的孩子很容易產生強烈的對抗情緒和叛逆心理，不僅不會改正錯誤，還可能自暴自棄，破罐子破摔。

大人好面子，孩子也一樣。甚至孩子的自尊心比我們想像的要強得多，與此同時，孩子的承受能力又比我們更脆弱，周圍人的一句話、一個舉動、一個表情，都有可能無意中讓他們受到傷害。而一旦孩子的自尊受到傷害，想再重建就沒有那麼容易了。

所以，做父母的要考慮孩子的感受，小心翼翼地保護孩子的自尊。只有這樣，孩子才會感覺自己受到尊重，繼而展現出自信心。在這一點上，西方國家的做法可供我們借鑑。比如，美國朋友就曾告訴我：美國人最忌諱父母人前教子，更不允許當著外人的面斥責孩子「不爭氣」、「笨蛋」、「沒出息」，認為這樣會深深傷害孩子的自尊心，是犯罪行為。

媽媽們，別拿孩子自尊心不當一回事，讓我們像愛惜眼睛一樣愛惜孩子的自尊心吧！

Chapter 4

適時放手——當媽不要當得那麼辛苦

自從有了孩子，我的時間和精力就大把大把地花在了他身上。大到上哪所幼稚園，小到明天穿什麼衣服，都要我去操心，而且他有時候還不領情，非要和我作對，弄得我焦頭爛額。難道沒有更好的辦法了嗎？事實證明，辦法永遠比問題多。辦法之一就是，媽媽要懂得放手！

1、講明原則和方向，讓他自己看著辦

請相信，孩子得到自由後不是為所欲為，而是更願意遵守規則。

換個方式約束他

有時候覺得果果就是上天派來跟我作對的。讓他不要做什麼，他偏要做什麼。每當遇到果果執拗地堅持己見不聽我的話，我就很容易氣急敗壞，最終自己氣得不行，果果十分委屈。其實我也想做個優雅的媽媽，凡事都對他輕聲細語，可是事到臨頭，我總無法控制住自己的脾氣。

我跟果果的姑姑訴苦，她告訴我不要把孩子管得太緊了，越管越叛逆，所謂「哪裡有壓迫，哪裡就有反抗」。果果已經到了懂事的年齡，即使我們不那麼管著他，他也不像我想的那樣為所欲為，而是懂得遵守規則的。我半信半疑，心想找機會試試吧！

在我們家，對果果用電腦是嚴格控制的。平時不讓他用，除非在我們陪同下看看動畫影片之類的。那天果果去叔叔家玩，和堂弟一起在電腦上玩遊戲，回到家似乎意猶未盡。晚上，果果賴在爸爸身邊，纏著爸爸給他找堂弟家的那種遊戲一起玩。爸爸說要玩可以，但只能玩半小時。果果一聽半小時就不願意了，非說要玩1小時。

我在一旁第一反應就是不讓他爸爸給他找遊戲，但想著試驗一下，給他一個選擇的餘地，就說：「果果，這樣吧！如果想和爸爸玩遊戲，那就只能玩半小時；如果想玩1小時，就會傷眼睛，還會耽誤睡覺，那媽媽就不允許你今天晚上玩了，你好好想想吧！」話說完了，果果不但沒著急，反倒是一副思索的表情。

過了一陣子，果果說話了：「那我就玩半小時。」我答應了。於是父子兩人就擠在電腦前，嘴裡還嘟嘟囔囔，嘻嘻哈哈，玩的不亦樂乎。時間到了，我提醒他們。爸爸建議關掉遊戲視窗，果果表現的很不情願，非要再玩一次。我提醒他事先的約定，果果就主動關掉了螢幕。

這件事又讓我受到了啟發。每個人都不喜歡聽別人替自己做選擇，孩子也不願意，而且孩子慢慢長大了，有能力對自己的行為做出選擇，那麼我們做父母的就應該給他更多自由選擇的機會。經過孩子自己思考做出的決定，他也會更願意去執行。

給他自由，教他自律

玩遊戲事件之後，我經常抓住各種機會給果果更多的自由。就像他姑姑說的一樣，果果已經是一個可以自己思考問題的孩子了，雖然很多時候還需要我給他講明事情的利弊，但是他能夠在遵循規則的前提下，根據自己的意願去行動了。

教育家蒙特梭利曾說過，「真正自律的品格不是來自於嚴加控制和懲罰，而是來自於尊重和自由。」經過我的試驗證明這是完全正確的，如果一個孩子得不到足夠的自由，他也很難真正自覺遵守紀律。即便孩子迫於外在的壓力遵守了紀律，當這個壓力消失後他就會變得更加放任。

比如對日常生活的安排，如果我們給孩子安排好了幾點起床、幾點吃飯、幾點做作業、幾點練鋼琴、幾點睡覺，讓孩子按照這個時間表來行動。那麼孩子可能永遠不會自律。只有我們把安排這些事情的自由權交給孩子，讓孩子自己做主、自己負責，才能產生真正的自律。

孩子可能一開始按照自己的意願安排，把一天的生活搞得一塌糊塗。比如早上起床晚了，導致無法好好吃飯，上學也遲到了，上午肚子餓得咕咕叫。這時候我們不要著急，也不要教訓他，因為很快他就根據實際需要來調整自己的安排了。很多時候，不是孩子不行，是我們做父母的不相信他可以做到。

當然，給孩子自由並不是完全放任自流。所謂的自由，必須是在一定規則下實施的。當孩子年紀還小時，缺乏應有的常識，也缺乏足夠的自我約束力，大的原則和方向是我們應該幫他把握好的。比如不能讓他置於危險的環境，不能讓他傷害他人、破壞環境，要懂禮貌、要遵紀守法……等等。正如蒙特梭利所說：「我們要讓孩子學會辨別是非，知道什麼是不應當的行為。如任性、無理、暴力、不守秩序及妨礙團體的活動都要受到嚴厲的禁止，逐漸加以根絕，必須耐心的輔導他們，這是維持紀律的基本原則。」

只不過我們在讓孩子明白遵守規則的必要的時候，不能強硬地要求遵守，而最好是透過實例或者活動來讓孩子體會，讓他知曉利害關係，自願遵守。

2、給孩子一些「無所事事」的時間

媽媽可以允許自己的孩子有一些可以自由支配的、甚至什麼都不做的時間，這樣自己和孩子都可以享受一段輕鬆愜意的時光。

這個暑假有點閒

記得小時候我最喜歡寒假暑了，因為漫長的假期除了做完老師規定的作業就沒有其他的任務了，可以自由玩耍。小夥伴們一起三、五成群的玩樂，整個巷子都會比平時熱鬧很多。大人們自己要上班也顧不得我們，有時候玩得飯都不回家吃。一到吃飯時間，大人們就滿巷子叫自家孩子回家吃飯。那是多麼快樂的時光啊！

可是等我的果果上了學，我發現暑假真是難過的一段時間，他一放假我就煩惱。因為兩個多、月的時間，不知道怎麼給他安排，才讓他有所收穫，還要讓他願意配合我。

我認為最好的選擇就是給他參加一個輔導班，一方面其他孩子都利用這段時間學習，果果也不能落後；另一方面，參加輔導班，我就不用擔心各種問題，比如他自己出門玩或者參加活動的安全問題，在社區玩耍的時候還會和小朋友發生各種衝突，需要大人去幫忙處理……等等。

又一個暑假開始了，我給果果規劃的是要報兩個學習課程，一個學英語，一個才藝課程，讓果果自己選擇學什麼。他選擇學畫畫。於是每天上午他上英語班，下午上繪畫班。每天早上還是要和平時一樣早起，由奶奶負責送到上課地點，中午奶奶接他回家吃飯，下午再送去繪畫班，晚上我下班順便把他接回家。

突然有一天，晚報上有一則消息讓我直冒冷汗：「七歲男孩劉子睿在媽媽和奶奶的陪同下為了趕上課，將一塊煎包嗆進氣管。八個小時左右，劉子睿被送到醫院急診室，雖然經過三個多小時的搶救，最終還是離開了人世。」我為這個和果果差不多年紀的孩子感到惋惜和痛心。可想而知他的媽媽會有多麼悲痛和悔恨。

這個事件只是一個偶然，每天早上那麼多孩子為了上課趕時間，出事是小機率事件。但是這種小機率事件一旦發生在誰的身上，那就是一輩子的追悔莫及。

我開始反思，為什麼我們要這樣對待孩子呢？為什麼他不能像我們小時候那樣自由自在到處玩樂呢？

我把果果叫到面前，問他：「如果明天不要上課，你要做什麼呢？」果果顯然沒有想過這個問題，沉思了片刻，告訴我：「那我什麼也不做，在家裡玩。玩夠了再寫暑假作業。」說著，他看著我：「媽媽，明天我真的可以不去上課嗎？」我點了點頭。小傢伙歡呼雀躍，跑去告訴奶奶：「奶奶，奶奶，我明天不用上課嘍！」

接下來的半個暑假，果果充分閒下來了。平時他就在家玩、寫作業，有時候跑到社區和小朋友玩遊戲，因為同齡的孩子基本上都在上課，他就成了孩子王。有時候陪著奶奶去超市和菜市場，週末我和他爸爸有空，就會帶他去遠一些的地方玩。我感覺他從來沒這麼高興過。

孩子閒下來了，我也輕鬆了很多。想來，之前都是我在束縛他也在束縛自己。

生活需要「無所事事」

想想自己是不是有那種什麼都不想做的時候？什麼都不做，躺著或者坐著發發呆就很好。可是孩子們的日常生活往往被大人安排得滿滿的，甚至如果一天不安排他們的活動，父母們就會感到不自在。其實，孩子也需要有什麼都不做的時間。

對大人來說，什麼都不做其實是一種休息和能量儲備。對孩子而言也是如此。他們平時在學校裡學習已經承受了很大的壓力，也需要有時間「逃離」。之所以有寒暑假，就是遵循了「一張一弛」的教學規律。教育專家也早就說過，過多、過早地開發孩子智力，會使他們早早失去童真、童趣，失去人生中最寶貴的東西。同時，也會抹煞孩子的獨立精神和創造性，這對人才的培養是很不利的。

對父母而言，為孩子安排活動，無時無刻照顧自己的孩子，甚至連孩子玩的時間都要在自己的掌控之下，也是非常辛苦的事情。我們何不留一點時間給孩子，讓他們在一個人靜靜的獨處中挖掘發現；留一點空間給孩子，讓他們在玩中學、學中玩，在娛樂中延伸思考；留一點空白給孩子，讓他們去超越自己的夢想，這樣的「虛度光陰」又有何不可呢？

3、創造一個不容易犯錯的環境

很多時候，孩子犯錯都是環境所致。與其犯了錯誤再糾正，不如為他創造一個不容易犯錯的環境，減少他犯錯的機率。

遇到一個不看電視的孩子

有一次和好朋友一家吃飯。他家女兒才三歲多，看起來很乖巧可愛。有孩子的人聚在一起總是很自然地就說起孩子的教育問題了。這位朋友開玩笑地說：「要說教育孩子，真是辛苦，為了她，我們家已經兩三年沒看電視了！」

我很好奇，因為我家果果喜歡看電視，我們怕他視力受損，也怕他迷上電視以後耽誤學業，規定他每天只能看半小時。可是有時候趁我們不注意，他就自己跑去看了。

我問他：「你家女兒應該會自己開電視了吧！她不會偷偷開開看嗎？」

朋友笑說：「我們家電視早就賣掉了，她不到一歲我就把電視處理掉了。那時候聽說小孩子看電視有很多害處，不想讓她看，可是電視放家裡，大人也忍不住要看，於是乾脆給賣了。」

「那她和別的孩子玩的時候，人家都說奧特曼之類的，她會不會不知道？」

「確實有很多動畫片別的孩子都看過，她不知道的。不過我們天天給她講故事，她現在自己也會看圖書了，知道的也不比別的孩子少。」朋友語氣裡充滿了自豪。

我聽了很慚愧。我經常因為果果貪戀電視而對他發脾氣，奈何電視的吸引力太大了，我的訓斥也不能阻止他對電視的熱愛。可是我從沒想過把電視給處理掉這種釜底抽薪的辦法。主要還是因為我們大人也喜歡看電視。

不僅僅是電視，還有電腦。因為怕果果迷上電腦遊戲，也怕長時間用電腦傷眼睛，我們基本上是不讓他用電腦。可是電腦放在那裡，我和他爸爸每天都會打開，他就忍不住不去看，忍不住不去玩一下。

再仔細想了一想，其實很多時候果果做的錯事是可以避免的。比如對我撒謊，多半是因為我之前對他太嚴厲，害怕我教訓他才說的，他對奶奶就很少說謊話；比如吃飯打破碗，如果我給他準備一個專用的塑膠碗是不是就沒事了；比如打翻了水壺，如果我們把水壺放在他拿不著的地方就可以避免了。

這些都還是小事，嚴格說來並不算是錯誤，後果也不是很嚴重。那是因為果果還小，沒有機會犯大的錯誤。那麼等他長大之後呢？我想起如今社會上有些孩子上網成癮，有些過早戀愛，有些拉幫結派、打架鬥毆，走上了違法犯罪的道路，其實大都是環境惹的禍。

孩子犯錯不能避免，但可以減少

每個人在成長的過程中都會犯錯，可以說不犯錯就不會成長。孩子犯錯更是不可避免的。犯了錯誤，意識到錯誤，然後改正錯誤，以後遇到同樣的事情不再做錯，這就是一個進步的過程。因此有些人甚至呼籲，父母們要多給孩子一些犯錯的機會。

我不否認孩子犯錯有時候對他的成長是有利的，但是孩子犯錯不是多多益善，不應該去鼓勵犯錯，更不應該去誘導孩子犯錯。因為孩子做錯事之後，我們父母不能坐視不管，我們會去教育他，嚴重的時候會去懲罰他，那麼這個教育和懲罰的過程中，稍微操作不當，就會對孩子的心理或者身體造成一定的傷害；如果這個錯誤夠大，甚至會給孩子一生造成不良的影響。如果透過一些努力，可以讓孩子更順利地走下去，為什麼一定要去犯錯呢？

偶然的機會看到李開復教育孩子的經驗，和我想的不謀而合，他寫道：「在我為人父之後，覺得任何的懲罰都盡量不要做。我寧願讓她沒有犯錯的機會，而不是讓她犯錯、被發現，然後受到懲罰。……寧願營造一個環境，讓孩子沒有機會犯錯。比如說，我們會把電腦放在廚房、餐廳、客廳中間，每天我跟太太，總有一個人會在這三個地方走來走去。這並不是監視她，我們也不會走到她面前，看她正在做什麼事，但她知道我們在她旁邊。」

做為父母，如果有辦法減少孩子犯錯的機率，就一定要去做。我們責怪孩子是電視迷、遊戲迷，其實錯不在孩子，而是我們自己。是我們讓他們接觸到這些東西，是我們讓他們察覺到裡面吸引人的東西而欲罷不能，是我們沒有給他們提供更有吸引力的東西轉移他們的注意力。孩子其實是無辜的，因為他們還小，對其中的危害知道的很少，甚至根本沒有意識到。

我看到有一本書叫做《孩子的錯都是父母的錯》，這種說法雖然有些誇張，但所表達的意思對我們父母有警示作用。孩子的錯雖不全是父母造成的，但父母應該對孩子的小錯負責，社會應該對孩子的大錯負責。與其等到孩子犯錯了再責怪他、懲罰他，不如防患於未然。這樣我們少了責罰他們的煩惱，孩子也少一些因為犯錯而受責罰的不愉快經歷。

4、讓後果來懲罰他的錯誤

在糾正孩子錯誤的時候，讓孩子「自食其果」會有很好的效果。

不寫作業後果很嚴重

果果上國小後，每天放學回家我就要督促他寫作業，寫完之後幫他檢查，指出錯誤，講給他聽，然後他進行修改。基本上天天如此。

我覺得很辛苦，更生氣的是果果經常不即時寫作業，總是要磨磨蹭蹭、拖拖拉拉。回家先要吃東西，然後要看一會兒動畫片，吃完飯我再提醒他，他沒藉口了才開始寫。寫完我檢查，如果有錯的話他還要改，這樣磨蹭著寫完作業都該睡覺了。我連自己一點空閒的時間都沒有了。

可是不督促他行嗎？不幫他檢查行嗎？顯然不行，因為不督促他，他就會忘記寫，不檢查他就可能錯得一塌糊塗。有沒有什麼好的方法讓他主動寫作業呢？我迫切需要找到這樣的方法，好把自己解救出來。

我在網路上搜尋怎麼讓孩子主動寫作業的辦法，卻無意中找到一個的孩子寫的作文，題目叫《我忘記寫作業了》，這個孩子描述了她沒寫作業的情景：

星期一早上，我看見同學交作業，我也把一本沒做的作業交了上去，當老師批改完作業發下來，我打開一看，裡面一片空白，一個字也沒有。這時，我才如夢初醒。啊！我忘記做作業了。我看著老師在上面用紅筆寫的「4.14」這個醒目的數字時，我的臉一下子變得通紅，而且發燙，好像有幾千隻螞蟻在咬我。雖然老師沒有當著全班同學的面批評我，但我的心裡比老師指責了我還要難受。

放學回到家，我直奔我的房間，第一時間把忘記做的作業給補上了。這時，媽媽從外面走進來，看了看我桌子上的作業問我：「是不是忘記做作業了。」我不敢看媽媽的眼睛，低著頭小聲說：「是，我現在正在補做了。」媽媽什麼也沒說，就去做飯了。

吃過晚飯，媽媽叫住我，輕聲細語的對我說：「琪琪，要記住學生是以學業為重，不是以玩為重，一定要認真完成每天老師規定的各科作業。我希望妳這是第一次，也是最後一次。」聽了媽媽的話，我覺得更慚愧了。我一定要改掉貪玩這個壞習慣，以後認真完成各科作業，而且要做對做好。

看了這個我有了主意：讓果果也嚐嚐沒寫作業被老師指責的後果！說不定他也會像這個孩子一樣，一次教訓之後就主動寫好作業了。

那天晚上我沒有督促果果寫作業，還偷偷和家裡人說了一遍：「今天大家都不要管他作業的事。」果果吃完零食看電視，看完電視吃飯，吃完飯見我拿著報紙在看，他也拿出漫畫書看得津津有味。九點多該睡覺了，我提醒他。他放下書洗漱準備睡覺，突然想起什麼，焦急地對我說：「糟啦！媽媽，我還沒有寫作業！」「啊？」我裝作也很著急的樣子，「那怎麼辦？」「我這就寫！」說完他掏出書本、文具，忙碌了起來。

我還以為他忘記了，現在居然想起來了。那要不要按照原計畫進行？看他著急的樣子真是不忍心不管他。不過我還是很狠心沒理他，他爸爸要去陪他也被我制止了。我對他說：「爸爸媽媽先睡覺了，你要嘛別寫了。」他快要哭了，說：「不行，老師會點名指責的！」「哦，那你繼續寫，我們睡了！」我怕他真的哭起來，趕緊拉著他爸爸回到臥室。

大概過了半小時，果果寫完了，他敲門叫我幫他檢查，我說：「媽媽睡覺了，這次的作業就不檢查了。你快睡覺吧！」

第二天放學回家，他第一件事果然就是寫作業。我問他：「昨天的作業，老師指責你了？」他紅著臉點了點頭，我說要看看，他用手捂著不讓我看，看樣子錯誤不少。

他寫完還是拿過來讓我檢查，我看比之前認真多了。我問果果：「如果媽媽不逼你寫作業，讓你隨便看電視和玩遊戲，你自己想什麼時候寫就什麼時候寫好不好？」他想了想，對我說：「不好，作業寫不完老師會責罵。如果考倒數第一會很丟人。」

「自然懲罰法」

經過這件事，我學會了一種新的方法，教育學上稱為「自然懲罰法」。它是法國教育家盧梭提出來的。具體就是當孩子出現過失或犯了錯時，父母不給孩子過多的指責，而是讓孩子自己承受行為過失或者犯錯帶來的後果，使孩子在承受後果的同時感受到不愉快的心理體驗，進而引起孩子的自我悔恨，這樣孩子就能自覺地彌補過失，糾正錯誤。

比如，孩子把衣服撕破了，你就不幫他換新衣服，讓他穿破的，他下次就不會再撕破衣服了；如果孩子把房間的門窗的玻璃打破了，你就不幫他安裝新玻璃，讓他受凍，下次他就不再打破房間門窗的玻璃了。

透過實驗，我覺得這真是一個好方法。孩子犯錯了，如果我們責罰他，他可能會委屈，但是讓後果懲罰他，他就不會感到委屈，因為那是他自己造成的。因此它可以使孩子和父母避免衝突。另外，採用這種方法會讓孩子印象深刻，自覺改正缺點的可能性大大提高。

不過，媽媽們也要把握好這種方法的適用範圍，如果後果給孩子或者給別人帶來危害，那就萬萬不能用這種方法了。

5、說理，找個合適的時機很重要

在教育孩子的過程中，碎碎唸的媽媽是最不受歡迎的。所以我們要找到說最少的話發揮最大效用的辦法。

改掉愛吃零食的壞習慣

在教育孩子的時候，有一句很實用的話，「動之以情，曉之以理」，尤其是「曉之以理」。總覺得孩子不懂事，需要對他講的道理也太多了。不管遇到什麼事，都會給他說一大堆道理。但是隨著果果自我意識的增強，這種說理的作用顯得越來越弱了。有時候，我說一句，他有十句在等著反駁，有時候乾脆沒有任何反應，讓我很受打擊。

比如果果愛吃零食，睡覺前還嘴饞了要吃東西。我總是苦口婆心跟他講吃零食危害多，會變胖、會有蛀牙，但他還是照吃不誤。其實這也怪我，如果不買零食放在家裡不就可以了嗎？可是又覺得家裡不常備點吃的還叫家嗎？因此，以下場景經常發生在我家：

晚上，果果已經上床了，還大聲叫我。我過去問：「有什麼事？」

他嘻皮笑臉地說：「媽媽，我餓了，想吃東西。」

我說：「你總是不好好吃晚飯，這會兒又要吃東西。睡覺前吃東西多不好，會變胖，再說你已經刷牙了。」

果果說：「我以前吃那麼多也沒有變胖呀！刷牙了怕什麼，我吃完了再刷一遍！」

我說：「你看看現在的時間，已經9點半了，吃了睡不著覺。」

他說：「沒關係，我不睏。」

我知道他不是因為餓，是嘴饞了，就不想讓他吃，於是堅持說：「你現在快點睡吧！吃了東西就會睡得很晚，明天早晨起不來，上學就會遲到。」

果果依然很堅持：「不吃東西我睡不著，媽媽！明天早上您負責叫醒我就好了！」

我沒有辦法了，只好給他拿吃的，還要看著他刷牙，再睡覺。

就這樣，愛吃零食的壞習慣持續著，終於蛀牙了。我帶他去醫院看牙醫，碰到前面有個小朋友要拔牙，可能是害怕，那孩子不肯進診療室，他媽媽拽著他往裡面拉，他用手死死抓住門框，邊哭邊喊：「我不拔，嗚嗚，我不要拔……」這哭聲弄得在場的孩子都很緊張。果果也不例外。

我一想，機會來了，就對果果說：「你看到了嗎？經常吃零食牙齒都會壞掉，醫生會把壞掉的牙齒拔掉，多可怕。」

果果看到了嚴重的後果，對我保證：「媽媽，那我以後再也不吃零食了！」

我知道他有所觸動，對他說：「吃一點點沒有關係，吃多了就不好了。」可能這個拒絕拔牙的孩子給果果留下了深刻的印象。從那次之後，果果對吃零食顯得比較謹慎。每次要吃零食都要問我：「媽媽，我可以吃嗎？」「媽媽，這個吃了牙齒會壞掉嗎？」如果我說不能再吃了，他就真的不吃。

如何尋找最合適的時機

事實證明，對孩子「曉之以理」一定要看準時機，否則說理效果會大打折扣。一般來說，媽媽們要抓住以下機會：

◎有事實佐證自己道理的時候。

上面所說利用拔牙事件教育果果就屬於這種情況。給孩子說理，就好像我們寫論文，只有論點是遠遠不夠的，還得有論據，如果這個論據是發生在身邊或者就發生在自己身上的例子，那會更有說服力。否則，孩子就不會意識到我們所說的理到底理在何處。

◎孩子心平氣和的時候。

孩子和大人一樣，情緒好時比較容易接受不同的意見，不高興時則容易偏激。跟孩子講理，要充分瞭解孩子的情緒狀況，在其情緒較好時，對其進行教育，若在孩子情緒低落或者情緒激動時跟他說理，是不會奏效的。

◎孩子做錯事自知理虧的時候。

無數事實證明，孩子的成長過程就是一個犯錯、改錯的過程，而犯錯的過程就是教育孩子的最佳時機。因為只有在犯下錯誤的同時，孩子才更有可能深刻地去理解更多的人生道理。因此，在孩子做錯事後，媽媽可以趁此機會幫助孩子去分析錯誤，引導孩子面對錯誤，最終改正錯誤，進而達到教育的目的。

◎孩子按照你的說法取得成功的時候。

當孩子按照媽媽的教的道理或者方法獲得一定成績的時候，他們的情緒都會比較高昂，自信心也會比平常強。媽媽要善於抓住這個時機，強化之前教導孩子的道理和方法。並且在肯定和鼓勵的基礎上，給孩子提出新的目標和要求，引導孩子繼續努力。

比如孩子按照媽媽教的方法檢查作業，結果連續一個星期作業都得了「優」，獲得了老師的表揚。這時候，媽媽就要即時強化，讓孩子知道掌握正確方法的重要性，還可以趁此機會多教一些方法給他。

6、用對批評和表揚就會事半功倍

在教育孩子的過程中，批評和表揚必須有，但怎麼實施，就看當父母的智慧了。

我們該如何表揚孩子才有效？

批評和表揚應該是媽媽們用的最多的教育方法了。不過常用並不代表會用，對此我深有感觸。比如同樣是表揚，有時候會讓果果很高興，表現更好，有時候卻沒有什麼反應。同樣是批評，有時候會讓他很委屈，有時候會讓他很憤怒，有時候卻能讓他虛心接受改正錯誤。這就讓我不免有點摸不清他的脾氣。

在和很多媽媽們交流之後發現，大家都有各式各樣的困惑，也有各式各樣的經驗和方法。如何更好地發揮批評和表揚的作用？我發現這裡面還有一些規律性的知識可以應用：

◎表揚的方式要與時俱進。

果果剛能懂話的時候，表揚起來很容易。比如他會自己拿湯匙吃飯了，我們只要親親他，說「果果真棒！」，「果果最聰明了！」他就會很高興，會更認真地拿著湯匙吃飯。等到他大一點了，這一招作用就不明顯了，因為在幼稚園聽了太多「太棒了」之類的表揚，已經形成了「免疫力」。這時候要表揚他，就要稍微多說點，比如他幫奶奶倒茶了，要表揚他的話，最好說：「果果真懂事，知道幫奶奶倒茶了！」

◎有了值得表揚的事才表揚。

這一點我自己做的很好。但是很多媽媽們養成表揚氾濫的習慣後，無論孩子做什麼都要表揚。有媽媽跟我說她家寶寶的事例：寶寶堆積木，總是堆不好，每當這時，她就像書上寫的「對寶貝一定要表揚，這樣容易建立他的自信」，於是就算孩子沒堆好，她也盡量地表揚他，對他說：「寶貝你真棒，你堆的東西媽媽都喜歡。」這樣其實不好，在孩子真的做了值得表揚的事情時，表揚才會發揮出應有的作用。

◎做了值得表揚的事要立即表揚。

如果孩子做了值得表揚的事情，一定要即時表揚。事實證明，即時表揚要比拖到熱情度消失後再實施要有效得多。比如有一次，果果在幼稚園跳繩比賽時，拿到了班上的第一名。放學一見到我就迫不及待地給我看他的獎狀，我當時急著接他回家，來不及細看他的獎狀，就跟他說：「我家果果最棒了，先回家再看獎狀吧！」果果明顯就有點失望，回家之後我讓他把獎狀拿來給我看，沒想到他已經沒有剛見到我時那樣的興奮了。

◎必要的時候來點物質獎勵。

媽媽們常用的口頭表揚屬於精神獎勵的範疇，對孩子能有很好的激勵作用。如果偶爾來點物質獎勵，效果會更好一些。比如幫助媽媽擺一次碗筷，獎勵孩子吃一個霜淇淋。獎勵孩子的時候也需要給孩子講清楚獎勵的原因，讓孩子知道今後應該怎麼做，而不是僅僅知道索取獎勵。但物質性獎勵不是多多益善，家長使用起來一定要慎重，以免讓孩子單純為了得到物質獎勵而去做事。

批評聲也可以很順耳

說完表揚，再說說批評。孩子們都不喜歡受到批評，但是不批評怎麼能讓他知道自己做錯事了呢？不批評怎麼能讓他改正自己的錯誤呢？所以批評必不可少。但是為了不讓孩子對我們的批評產生抵觸情緒，批評的時候也有技巧。那就是盡量讓批評聲更順耳一些，就像有人說的：「最妙的是給批評穿上表揚的外衣，用表揚來完成批評所達到的目的。」在這一點上，果果的爸爸為我做了一次好榜樣。

有一次，果果爸爸的老同學帶著孩子來訪。爸爸和老同學聊天敘舊，果果陪著小客人在他房間裡玩，聽歌曲、看繪本。後來，果果和小客人跑到客廳說想要看動畫片，就看半小時就好。

老同學說：「我家這孩子看電視上癮了，有時候連作業都不寫，說看半小時肯定會看一個多小時。」其實果果也愛看電視，我平時也常說他。我以為他爸爸會趁機教育他，沒想到他爸爸說：「我兒子能管住自己，通常說讓他看半個小時他就看半個小時。對吧！果果？」

我看果果顯然有點不好意思，但還是點點頭。然後他們就打開電視看起來。大概是有客人在，果果想維護自己的形象，看完一集動畫片，就主動關掉了電視。

送走客人，果果爸爸表揚他說：「今天你表現很好，很守信用，說看半小時就看半小時。如果你每次都能這樣，爸爸媽媽就不會批評你了。」

果果不好意思地說：「那我以後一定守信用。」

俗話說「忠言逆耳利於行」，但是孩子對於逆耳的話通常都不怎麼喜歡聽。我們不是為了批評孩子而批評孩子，而是為了讓他們改正錯誤才批評他們。如果孩子對批評產生抵觸情緒了，顯然批評就達不到讓孩子改正缺點的效果了。所以在批評孩子的時候，還是要費點心。如果在批評孩子的時候，能夠給良藥放點糖，把忠言說得順耳一點，相信教育效果會更加顯著。

7、為他準備一個存錢筒

當媽媽們為孩子沒有經濟頭腦而煩惱時，不妨給他準備一個存錢筒，讓他自己學會理財吧！

有了存錢筒之後

對於果果的零用錢，我一向給得很謹慎，每次給的都不多，大概他剛好夠用的樣子。因為我知道果果花錢沒有節制。曾經我想培養他的理財意識，故意多給些零用錢，但不管給多少，叮囑多少次要他節省，每一次他都會把錢一下子花完。於是我就不寄希望於他了。至於爺爺奶奶給的錢，我都統一收繳，不給他自由支配。

果果上國小之後，對於我的這一套「財務政策」頗有微詞，曾經多次跟我說有的同學壓歲錢都是自己保管，有的同學每天都有很多零用錢，如此等等，意思就是他想擁有更多的資金支配權。

跟其他媽媽交流的時候，她們告訴我，我這樣的做法顯然是out了，如今這個時代，父母們從小就要培養孩子的理財能力，這樣他們才懂得珍惜父母的辛苦錢，也能學會如何開源節流合理支配自己的財產。有幾個媽媽一致建議我培養孩子的理財意識，可以從給他準備一個存錢筒開始。

在果果六歲的時候，擁有了自己的「小金庫」——一個大企鵝存錢筒。我想他已經這麼大了，應該有一定的自制力了，就每週給一次零用錢，數目不多但正常情況下可以滿足他基本需求。我告訴他：「你可以拿它買玩具、買零食，也可以把它存下來，爸爸媽媽讓你自己做主，但不會再給你買玩具和零食。如果你喜歡什麼，就存下零用錢去買。」他似懂非懂點點頭。

剛開始的時候，他不用三天就花完了一週的錢，後兩天想要吃零食也沒錢買，我們也堅持原則不給他。大約過了一個月時間，他的企鵝還是「餓著肚子」。果果很著急，但也就學精明了，每次去商店，只選一樣商品。這樣每週還能剩下一些。他每週都要打開存錢筒，清點他的財產，看著自己的錢一點點變多，他備受鼓舞。

有一回他告訴我，他想要一套圖畫版的《十萬個為什麼》，我覺得這是該鼓勵的事，告訴他週末我就去幫他買。沒想到他很驕傲地說：「媽媽，我自己有錢！」看樣子他從儲蓄中獲得了不少成就感呢！

自從有了存錢筒，我發現他幾乎不怎麼需要我嘮叨關於亂花錢的問題了。雖然這距離培養他的理財能力還有一段距離，但是我想能存錢也算是具備了理財的基礎了吧！

孩子「財商」高，媽媽更省心

「財商」（Financial Intelligence Quotient，簡稱FQ）一詞最早是由美國作家兼企業家羅勃特·T·清崎在《富爸爸窮爸爸》這本書中提出的，是指一個人與金錢（財富）打交道的能力。隨著社會的發展，越來越多的人意識到人們對金錢的態度、獲取和管理金錢的能力，對於生活的富足和幸福影響非常大。因此，從小就開始培養孩子的這種能力就被列入教育的規劃中。財商和智商（Intelligence Quotient，簡稱IQ）、情商（Emotional Intelligence Quotient，簡稱EQ）一起被教育學家們列入了青少年的「三商」教育。很多學校都已經開設了理財方面的課程。

現在的孩子們大都比較「富有」，零用錢有很多，媽媽們難免會為孩子花錢沒有計畫等問題擔心。那麼，我們不妨試試對孩子進行「財商」教育吧！配合我自己的經驗，我覺得媽媽們可以從以下幾個方面入手：

◎讓孩子擁有屬於自己的「私房錢」。

要教孩子理財，必須有財可理。因此媽媽們要讓孩子有一些可以自由支配的錢，這樣也有利培養孩子經濟上一定的獨立性。媽媽可以為孩子準備一個存錢筒，或者去銀行開立一個帳戶，讓他享有專屬權。

◎鼓勵孩子合理消費。

當孩子有了自己的儲蓄，媽媽們可以鼓勵他們花自己存下來的錢去買自己喜歡的東西，體會存錢帶來的成就感。當孩子想買一些很有價值的東西，但是自己的錢不夠時，媽媽可以資助一些，不至於使他的錢一次花完，保持他存錢的積極性。

◎讓孩子體驗到理財的樂趣。

孩子在有了一些積蓄之後，媽媽可以教孩子怎樣花錢更有計畫，告訴孩子怎樣合理支配零用錢。還可以給孩子訂下一個理財的目標，讓孩子體驗到理財帶給自己的好處。在孩子達到目標後可以給一些獎勵，比如再多給一點零用錢、給孩子買樣喜歡的商品。孩子體驗到了理財帶給自己的諸多好處之後，理財的興趣就會增加，理財的行為才能繼續下去。

當孩子把理財變成一種生活習慣之後，媽媽們就不用天天叮囑他要節儉，也不用為給孩子多少零用錢而頭痛了。

8、再也不替他背書包了

有時候不是孩子不能，是我們剝奪了他做事的權利；不是孩子讓我們這麼辛苦，是我們自己讓自己辛苦。

由背書包引發的思考

每天早晨我送果果上學時，都會替他拿著書包，過馬路的時候一定要拉著他的手。其實他多次要求我把書包給他自己背，還請求我讓他自己過馬路——因為他已經學習如何過馬路了。可是我覺得那麼大的書包對他這麼小的孩子來說有點沉重，他自己背書包就會走得很慢；路上車來車往，他自己過馬路會很危險，我不放心讓他自己走。就這樣，從他上國小以來，從沒有自己背過書包，也沒有自己過馬路。

不只我一個人這樣，我觀察過，早上七點多，路上很多送孩子上學的爸爸媽媽、爺爺奶奶，大多都是大人背著書包，拉著孩子的手，匆匆地往學校方向趕。自己背書包的孩子很少，自己去上學的孩子幾乎沒有。

我有時候想，是不是現在的孩子自理能力下降了呢？以前我們上學的時候，父母根本沒有時間接送，都是一個大院裡的孩子一起去上學，大的帶著小的，家長們也很放心。不過那時候路上車沒有那麼多，那時候書包也沒有這麼沉重，更沒有那麼多駭人聽聞的孩子被拐賣事件發生。這樣一想，我也就心裡平衡了，覺得幫孩子背書包送他上學是理所應當的。

有一天早上起得有點晚，送果果上學再上班差點遲到，我就和同事抱怨每天接送孩子也是個辛苦的工作。同事很自豪地說：「我女兒從上國小開始，書包就她自己背的，自己上學自己回來，難得一次讓我幫忙背了一次書包，的確很重，但是回頭想想，連這點事情都不能承擔，以後還能承擔什麼呢？」我大為汗顏，我家果果還是男孩子呢！是不是也應該從小培養他的獨立精神呢？

然後我就開始反思。背書包看似簡單，卻表現了我對孩子的態度——不放心、不放手。雖然果果現在還小，談徹底放手還為時過早，但是如果不從小就開始有意識地培養他獨立自主的精神，等到他長大了真正要獨立處理各種問題的時候，會不會不適應？會不會還想著要依賴我去幫他解決？

他並不是依賴性很嚴重的孩子，很多時候還是很希望自己去做事情的。但是我總是不放心。比如每天晚上我都會為果果選好第二天要穿的衣服。他也想自己選擇，我覺得他還太小，按照自己的意願穿衣服，要嘛會凍著，要嘛會熱著，而且搭配起來也不好看。所以他穿什麼都是我做主。他也想幫我打掃環境，但是我覺得他打掃得不乾淨，也怕他弄髒自己的衣服，就不讓他動手……

這樣想來，我一方面希望他早點獨立，自己的事情能自己做，好讓我輕鬆一些，一方面又因為覺得他做不好，阻止了他培養獨立的能力。

適當放手，把自己解放出來

我給果果換了一個拉桿書包，這樣我就不用擔心書包太沉重他自己背不動了。拉著新書包上學的那天早上，果果很興奮也很驕傲。我走在他身邊，也比以往輕鬆了很多。我們邊走邊聊天，很快就走到學校門口。在去上班的路上，我想，等他上三年級了，就不再接送了，讓他自己上學、放學吧！

很多父母對待孩子，常有一種「不放心」心理。覺得孩子再大，在自己眼裡就是個孩子。很多事情都想幫著孩子做、幫著孩子選擇。從小幫著孩子穿衣服，讓孩子跟大人睡。孩子上學，幫著檢查文具、書本，不讓孩子幫忙家事事。甚至長大了找工作、結婚，都要包攬下來。這樣一來，父母們都覺得太辛苦，覺得自己為孩子付出太多。但與此同時，父母的辛勤付出並沒有得到應有的回報，相反，有的孩子接受得心安理得，有的孩子當父母稍微照顧不周，就怨聲載道，大為不滿。

這種不正常的現象，追根究柢是父母們自己造成的。因為他們從一開始，就剝奪了孩子磨練的機會。在這種什麼事情都替孩子做的過程中，孩子的好奇心和想試試看的心理被抹煞，變得懶惰、依賴、怕苦怕累、沒有主見、不負責任。最終父母是吃力不討好。

孩子能做的事，要早日放手讓孩子自己去做。關鍵的選擇，要讓孩子自己去選，以便增加孩子的責任感和自信心。如果一次做不好，那就多做幾次；如果不知道怎麼選擇，父母可以給他說清利害關係。這樣，減輕自己的負擔後，父母就不再會經常為自己的辛苦心存抱怨了，會感覺輕鬆很多。孩子們也得到了成長和磨練的機會，也能體會到父母為自己做那麼多事情的辛勞，會懂得感恩，懂得回報。真是一舉多得。

9、偶爾失敗，對孩子漫長的一生沒有任何影響

當孩子做了一件失敗的事情，媽媽不必緊張，這對他漫長的一生沒有任何影響。

果果競選失敗了

新學期一開學，果果告訴我班級要舉行班級幹部競選，他也想參加。一年級的時候果果是體育股長，那時是老師指定的，可能是果果比較活躍吧！果果很把這個當一回事，據說也當得不錯。這學期，孩子們之間都熟悉了。對於果果當班級幹部，我覺得對於培養他的領導能力和責任心都是很有好處的，所以對他想參加班級幹部競選十分支持。

我上網看班導發布的消息，這次競選有二十多個職位，從班長、副班長到各個股長以及到各科小老師一應俱全，甚至還有午休值班員和黑板美容師。讓我不得不佩服老師們的用心良苦。

我問果果：「你是不是要競選體育股長呢？」

果果猶豫著說：「我想當班長。」

我心想你目標訂高了吧！就勸他：「還是競選體育股長吧！」他還是堅持要競選班長。我問：「為什麼呢？」

他說：「班長可以為大家做更多事情。」

我簡直要對他肅然起敬，原以為他要說當班長更威風，能管更多事情呢！既然他的動機這麼端正，我怎麼好阻止他，怎麼好打消他的積極性呢？當然要助他一臂之力了。

接下來的幾天裡果果放學回家，除了寫作業，我就陪他練習競選宣言。其實也很簡單，這麼小的孩子也不會寫競選稿，主要是介紹自己的優點，想好自己要是當上班長會怎麼做之類的話。

那天下午我去接他放學，他見到我就哭了，說：「媽媽，今天我競選失敗了。」

我第一反應居然是：「看吧！我就說讓你不要競選班長，如果競選體育股長肯定可以成功。」然後說：「不要緊，以後還有機會，不當班長還可以省不少事。」一路上到回家，果果都是無精打采，籠罩在失敗的陰影中。

我為自己對他說的話也感到後悔了。他對我訴說失敗，而我呢？第一句話不是安慰他，反而有點責怪的意思。其實是我自己對這個結果也很在意，我也很希望他能競選成功。

但事實上，競選成功或者失敗真有那麼重要嗎？對於果果來說，這是個很大的挫折，可能會讓他對自己失去信心。但做為媽媽，我應該清楚，當不當班長可能會讓他這一個學期的學校生活有一些不同，但是對他今後的人生道路，並沒有決定性的影響。

所以，當他跟我說競選失敗的時候，我應該安慰他，告訴他已經付出努力參與就很好，沒有競選成功只能說明同學們覺得有人比他更適合那個職位，並不能說明他比別人差，在媽媽眼裡他依然是個很棒的孩子。如果我當時這樣說了，果果是不是就不會那麼難過了？

告訴他：這沒有什麼大不了

毫無疑問，每個媽媽都特別希望自己的孩子能成功，都不忍心看到自己的孩子失敗，都希望孩子在成長的道路上能少走彎路。所以，當孩子遇到挫折和失敗的時候，媽媽往往比孩子還著急。卻沒有想到如果孩子因為失敗而傷心難過，媽媽的著急和責怪會讓他更難過。也會讓孩子害怕失敗，使孩子承受失敗的能力得不到磨練，對自身的成長是很不利的。

人的一生中，誰能保證不失敗呢？誰能保證不遇到挫折呢？既然我們成年人在生活、工作、事業中都會遇到失敗，那麼孩子為什麼就不能失敗呢？

我們害怕孩子失敗，往往是因為我們只看到了失敗的一個方面，把它看成是丟臉的事，卻忽略了失敗的價值和意義。父母應該有「失敗即教育」的意識：孩子失敗了，但是他獲得了「痛苦的體驗」，將來就知道如何去避免失敗；同時，他也有了挑戰困難的契機。孩子從失敗走向成功的過程，就是一個磨練自身、慢慢成熟的過程，他的良好的心理素質和解決問題的能力會在這個過程中培養出來。

當孩子遇到失敗挫折的時候，媽媽首先不要慌張。其實孩子所謂的失敗，長遠看來並不是那麼嚴重的事情，但對此時此刻的孩子來說，卻可能意味著很大的挫折。

媽媽首先考慮到的應該是安撫孩子受打擊的心靈，不要漠視，更不要幸災樂禍。當孩子需要傾訴和宣洩負面情緒的時候，媽媽要用心去傾聽，讓他說出心中的委屈和痛苦，使他得到即時的安慰和鼓勵，並透過釋放達到心理平衡。之後要幫助孩子分析和總結，和他一起回顧事情的過程，找到失敗的原因，總結失敗的教訓，鼓勵孩子再次去嘗試。

如果果果再遇到失敗的情況，我一定會告訴他：失敗了沒關係，你下次會做得更好！

Chapter 5

媽媽也要進步——變命令為引導

有人說，問題孩子身上有問題家長的影子。這話不假，因為觀察和模仿是孩子學習的重要方式。所以人們常說「言傳身教」，而且身教的作用大於言傳。媽媽們如果想培養孩子的美好品格，不必耳提面命，只要先從自己做起就會獲得意想不到的效果！

1、做個好學的媽媽

與其耳提面命，不如親身實踐，為孩子樹立勤奮好學的好榜樣。

十萬個為什麼

像大多數孩子一樣，果果總有問不完的問題，和他在一起，我時時刻刻要準備解答他的各種疑問。但是，媽媽們知道，要想把孩子的所有問題回答好是很有難度的，或者說是根本不可能的。

很小的時候，果果的問題雖然千奇百怪，但是回答起來比較簡單，根據想像編一個答案就好了。反正說過沒幾天他就忘記了，還會接著問。比如兩三歲的時候，他問我：「媽媽，天為什麼會下雨呀？」我就說：「因為烏雲擋住了太陽把天給氣哭了……」他就若有所思看著天。過一陣子下雨了，他又開始問了。

等到他長大一些，我的這種回答顯然不能滿足他的好奇心。我也知道不能隨便敷衍他，對於他的問題應該找到科學合理的答案才是對他負責。於是我給自己買了一套《十萬個為什麼》——因為他自己那時候還看不懂，我只好親自幫他找答案。

後來果果上國小了，能自己看一些書了，我幫他買了圖畫版本的《十萬個為什麼》，他再有問題我就讓他自己找書去看。我真是很感激有這樣的一套書，把我從孩子沒完沒了的「拷問」中解放出來了。

不過有了書也未必能完全應付這個「問題兒童」，十萬個為什麼也不能完全涵蓋果果的問題。比如：「媽媽，為什麼您不吃雞蛋？」「因為媽媽對雞蛋過敏。」「為什麼媽媽對雞蛋過敏？」「呃，媽媽身體裡有一些不喜歡雞蛋的細胞。」「它們為什麼不喜歡雞蛋呢？我就喜歡吃雞蛋。」「……」我不能再說了，再說下去就是純粹瞎說，會誤導他了；再說下去也不能阻止他接下去的為什麼。於是我就假裝生氣了，說：「哪有那麼多為什麼！」果果就不再問了。

有一次午休的時候，我看同事在忙著查資料，邊查還邊往紙上寫。我就問：「中午也不休息嗎？」「唉，昨天孩子問了我一個問題，我也不知道，答應他晚上回家告訴他答案。所以趕緊利用有空的時候，上網查查。怕忘了，還得記下來。」

我想起自己對果果那種敷衍的態度，深感慚愧。當果果問了我不知道的問題時，我為什麼就不能虛心地找找資料幫他解答呢？我一直希望他能養成勤奮好學的好習慣，而我自己卻背道而馳。

和孩子一起學習吧！

想起我的伯母跟我說的當年她教育我堂哥的事情。我的堂哥是我們兄弟姐妹中讀書讀得最好的一個，不僅功課好，還做得一手好菜，對人也是彬彬有禮，親朋好友沒有人不誇讚的。說起堂哥，伯母總是抑制不住驕傲的語氣。

她有一次跟我回憶堂哥當年上學時候的事情。她說學習其實跟吃飯有共同之處——飯要人多吃著才香，學習要大家一起學才有趣。所以她總是找機會跟堂哥一起學習，她是學會計的，雖然她已有的知識應付工作已經綽綽有餘，但她還是去考各種證書，既為了激勵自己不斷學習，也為了給孩子做個榜樣。

有一次假期，為了準備考試，她就在家看書做題目，沒有下過樓。在她的帶領下，堂哥也不甘落後，竟然也沒有下樓玩過。

試想，當孩子看到媽媽專心地學習，是不是也會不好意思放著作業不做到處玩了？當孩子問媽媽問題，而媽媽不僅不能給他解答，還嫌他問得多，那孩子以後還能繼續保持那種可貴的探索精神嗎？當孩子在房間寫作業，而客廳裡大人們卻開著電視，聊著天，這樣我們還能希望孩子能安安心心好好寫作業嗎？

所謂「近朱者赤，近墨者黑」，父母的行為和思想對孩子有潛移默化的作用，父母的一言一行，甚至生活中的細節，都會在孩子的心裡產生不同程度的影響。用實際行動來教導孩子遠比空洞的語言有效果。

因此，要想培養出勤學好問的孩子，媽媽就該首先做個勤學好問的媽媽。不僅是媽媽，爸爸也不例外，或者來個全家總動員。如果在孩子學習的時候，其他家人也自覺地學習，比如看書、看報等；遇到孩子感興趣的知識和孩子一起討論，和孩子一起學習；當孩子問了我們也不能回答的問題時，虛心和孩子一起尋找答案，那麼相信在這種濃厚的學習氛圍裡，孩子必然能養成好學的習慣。

2、心平氣和的媽媽最美麗

如果在對待孩子的時候，媽媽能夠心平氣和，孩子就不會那麼急躁了。

孩子急躁都是跟父母學的

家長會上，父母們都在交流教育孩子的經驗。很多父母都抱怨孩子個性比較急躁，什麼事情稍不如意就喜歡大吵大鬧。大家都覺得這是因為現在的孩子養得太過嬌慣了，得嚴格管教才行。有一個孩子的爸爸發表了不太一樣的意見。

這位爸爸說，在他家以前是孩子的媽媽主管教育孩子，孩子的媽媽是個急性子，與孩子兩句話不合，嗓門就越扯越高。此外，對孩子做的事情，也一直習慣性地採取質疑的態度：孩子練琴，練完之後第一句話就是：「你到底練完了沒有，沒騙媽媽吧！」

作業寫完了，也質疑：「你到底做完沒有呀？沒偷懶漏題吧！」

漸漸地，面對媽媽的質疑，孩子的情緒也變得煩躁起來，心裡更是不服氣……後來他覺得那樣管孩子不行，就接過了主管孩子的重任，他提醒自己，不管孩子學習情況怎麼樣，做了什麼錯事，都要耐心耐心再耐心。

女兒特別適應他的教育方法，學習態度、成績都不錯，原來脾氣暴躁、粗心大意的毛病也大為改觀。後來他總結一句：「孩子的急躁很大一部分是受父母教育的影響。父母在跟孩子說話的時候心平氣和了，久而久之，孩子也會變得溫和起來。總是對孩子吵吵嚷嚷，孩子也會變得暴躁。」

聽完他的發言，很多父母紛紛「自我檢討」。我也加入檢討的行列。

比如早上我讓果果在襯衫外面穿個毛背心，他不穿，我就惱了，劈頭訓一頓：「哎，你這孩子怎麼不聽話呢？你穿這麼少，想生病嗎？生病了打針吃藥你就高興啦！不行，趕緊去把背心穿上！」他這才不情願地去穿背心。

這時候我看上班快要遲到了，就催他：「果果，快點快點！快要遲到了！」看他磨磨蹭蹭，我趕快跑過去，不由分說地給他套上背心，拉著他就往外走。

他顯然不高興，撅著嘴抱怨：「媽媽，背心穿著好熱哦！」

我哪有時間跟他慢慢解釋，就說：「到外面就冷了，今天會降溫，媽媽還會騙你嗎？」匆匆地把他送到校門口就趕著上班去了。

一旦果果做錯了事，那我就更容易急躁了。一次我們在外面吃飯，果果把果汁打翻了，灑了我一身，那可是我新買的裙子，我當即就火了，對他大發脾氣：「媽媽跟你說了多少次了，不要亂動，你怎麼就不聽話！看媽媽的衣服都成什麼樣了！」果果委屈地看著我不知所措。

可能正因為我的急躁，果果也有這樣的傾向。他在客廳堆積木，我打掃環境時，不小心把他堆好的城堡碰倒了，他立刻大發脾氣：「媽媽，妳怎麼不小心點！都給我弄壞了！」說著還氣呼呼地把所有的堆好的積木推倒，坐在積木堆裡對我怒目而視。

我也生氣了，說：「媽媽又不是故意的，你再堆不就好了！」類似這樣的事情還有很多。

檢討之後我發現，果果的表現和我的表現真有相似之處。

不要著急，慢慢來

在網路上看到一個案例：有一位媽媽經常為孩子的慌張、馬虎而煩惱。可是在和老師溝通的過程中，她發現，在老師眼裡自己的孩子很穩重。這位媽媽覺得難以置信，回家後問孩子，孩子告訴她，在學校老師從來不催她，總是告訴她不要急，慢慢來，所以她做什麼事情都不急了。

看來，如果媽媽心平氣和，孩子也會不緊不慢，穩穩當當。所以，要想孩子不急躁，我們先要收斂自己的急脾氣，做個心平氣和的媽媽。

雖然絕大多數人都能理解父母的「急性子」——他們無非是想讓孩子養成良好的習慣，

獲得更好的成績，但在教育孩子的時候還是不要太著急，因為父母焦躁孩子也會焦躁。

學會低頭，事後意識到自己的錯誤後，大可以放下家長的面子去向孩子道個歉，去跟孩子好好談一談，讓他知道自己的想法。

如果孩子不小心碰翻了飲料，弄髒了我們的衣服。心平氣和的媽媽肯定不會大發脾氣，而是會若無其事地對孩子說：「沒關係，正好媽媽的衣服該洗了。」孩子看著媽媽的這種反應，他就會知道將來遇到類似的情況應該如何去應對。

當媽媽不小心碰翻他的積木，他也許會對媽媽說：「不要緊，剛才那個堆得不好，我再堆個更好的！」如果是這樣，該是多麼和諧的母子關係啊！

所以，孩子做事的時候，盡量不要在一旁催促「快點，快點」；在孩子做錯事的時候，也不要急著發脾氣。孩子伴隨著心平氣和的媽媽長大，能受到感染，向媽媽學習控制和調節自己的情感和行為的方法，遇到問題和挫折就能不急不躁了。

3、說到就要做到，做不到的不要說

父母對孩子要說話算數，所給的許諾應即時兌現，這是給孩子做出誠信的榜樣，增加自己的威信，教育孩子誠信的最好方式。

孩子不是用來應付的

果果五歲的時候，看到社區很多孩子在溜冰，非常羨慕。纏著我幫他也買一雙溜冰鞋。我覺得他還小，擔心溜冰不安全，不想幫他買。果果一再給我保證，他會非常非常小心的。可是他保證有什麼用，到時候不小心摔傷了可怎麼辦。但是我又不想直接拒絕他，就說：「你現在太小了，等你上國小了我就幫你買。」我想著小孩子嘛，過一陣子就忘記了。

誰知道他一直都記著。國小剛開學，他就提醒我：「媽媽，妳說上國小就幫我買溜冰鞋的。」

我早就忘記這回事了，經他提醒才記起來，但那時候就是不想幫他買才隨口那麼說的，現在還是不想幫他買，我告訴他：「等你上二年級了再買吧！你現在還小，會把腿摔傷的。」

果果一聽不高興了，大聲說：「我再也不相信媽媽的話了，媽媽是個大騙子！」我一聽怒了，這孩子怎麼能這麼跟媽媽說話！他倒好，說完自顧自往家走，不理我了。

可能每一個父母都有答應了孩子的要求，後來卻食言的例子。有些父母認為這樣做是為了當時應付孩子；或者希望孩子能達到什麼樣的目標；或者想讓孩子按照自己的要求去做，只是隨意對孩子開出空頭支票，根本沒有打算日後兌現。就像我一樣。

但總這樣做後果卻是很嚴重的。父母隨口說出應付孩子的話，轉眼忘記了，但孩子卻不會忘記。如果父母這樣隨口應承得很多，卻經常不做到，一方面會讓孩子傷心，另一方面也會給孩子留下說話不算話的印象，失去孩子對自己的信任，以後說什麼孩子就不會再相信。並且也會學著父母的樣子，說到卻不去做到，養成撒謊或者言而無信的惡習。

我想起有名的曾子殺豬的故事。曾子，也就是曾參，有一天，他的妻子要到市集上去，兒子哭鬧著要跟去。曾參的妻子就哄兒子說：「好孩子，你別哭，你在家裡等著，媽媽回來殺豬炒肉給你吃。」兒子聽說有肉吃，就不吵著跟媽媽去了。

曾參的妻子從街上回來，只見曾參拿著繩子在捆豬，旁邊還放著一把雪亮的尖刀，正準備殺豬。他的妻子一見慌了，趕快制止曾參說：「我剛才是和孩子說著玩的，並不是真的要殺豬呀！你看你怎麼當真了！」

曾參語重心長地對妻子說：「妳要知道孩子是欺騙不得的。孩子小，什麼都不懂，只會學父母的樣子聽父母的教訓。今天妳要是這樣欺騙孩子，就等於教他說假話欺騙別人。再說，今天你要這樣欺騙孩子，孩子覺得母親的話不可靠，以後妳再講什麼話，他就不會相信了，對孩子進行教育也就難了。妳說這豬該不該殺呢？」

曾妻聽了丈夫的一席話，後悔自己不該和孩子開那個玩笑，更不該欺騙孩子。既然答應殺豬給孩子吃肉，就說到做到，取信於孩子。於是曾參和妻子一起動手殺豬，為孩子燒了一鍋香噴噴的豬肉。

看來聖人就是聖人，不是我等凡夫俗子能比的。如果是我，肯定不會為了一句哄孩子的話去殺一隻豬的。但是，既然知道自己做不到，一開始不說不就可以了嗎？

對「一諾千金」常懷敬仰

俄國作家班苔萊耶夫的《諾言》講述了這樣一個故事：一群孩子在公園裡玩打仗的遊戲，一個大孩子是元帥，他命令一個新來的小「中士」：「這是我們的軍火庫，你留在這當哨兵，在我沒把你換下來之前，你就站在這裡。」

「中士」說：「好。」

「元帥」又吩咐說：「你要保證絕不離開。」

「中士」很聽話，一直堅守崗位，天黑了其他孩子都回家了，他們已經把這個小「中士」忘了。

「中士」又冷又餓，非常害怕，卻不肯離開「崗位」，公園要關門了，一個好心的路人勸他離開他也不肯，於是找來一個真正的少校幫忙。

少校說：「中士同志，我命令您撤離崗位。」

「是，少校同志，奉命撤崗。」小男孩這才肯回家去。

我不知道如果這個小男孩是我們的孩子，我們做父母的會如何評價他的行為。如果是我，我可能會說：「你這個孩子怎麼這麼傻呢？玩個遊戲你就這麼當真，弄得這麼晚才回家，讓媽媽擔心你！」是的，這就是我們的教育。所以我們今天的孩子看上去都很機靈，卻在一些原則性的問題上有所欠缺。

說到底還是我們父母沒有做好表率作用。想想我們的孩子是不是也會這樣：讓他寫作業，他說：「等一會兒，我吃完這顆蘋果就去寫。」吃完蘋果了，他卻打開電視，再催他，他又說：「等一會兒，我看完這集動畫就去寫！」

其實這種做法，看似拖延，本質上就是不守信用，說到不去做到。這是不是和我們平時應付他時候說的話如出一轍？我們曾經答應他：「把數學作業寫完就讓你去玩。」數學作業做完了，我們還想讓他寫國文作業：「等一會兒，做完國文作業就讓你去玩。」

說話不算數的父母只能培養出說話不算數的孩子，對承諾滿不在乎的父母也不會培養出信守承諾的孩子。因為孩子就是看著大人尤其是父母的表現長大的。

4、是改掉不良生活習慣的時候了

做為孩子身邊最親近的人，如果我們不先改掉自己的不良生活習慣，憑什麼要求孩子能養成好習慣呢？

「全民健身」現在開始

果果是個好動的孩子，總是坐不住。我從一本書上看到培養孩子的恆心和毅力要配合孩子的個性來進行，比如對於活潑好動的孩子，可以透過運動鍛鍊來培養。不過運動鍛鍊操作起來不是很容易，最好要有大人帶著。但是我和果果的爸爸都是不怎麼愛運動的人，平時上班比較忙，週末也不願意動。以前沒有果果的時候週末都喜歡宅在家裡或是去看望父母，後來有了果果，為了帶他玩週末才會去公園或者在社區裡活動。

那天看社區論壇，看到有鄰居發文章邀請一個孩子和他家孩子一起運動，他親自帶領。我有點動心了，既然我和果果爸都不愛動，何不把果果託付給這個鄰居呢？於是我給鄰居留言，約定了面談。

和鄰居面談之後我知道了他家的情況。鄰居兒子七歲了，體質較弱，不喜歡運動，動不動就感冒發燒。鄰居擔心兒子以目前的體質難以應付以後緊張的課業。於是他每天早晨和傍晚便多了項工作：和孩子一起做運動。

最初的時候兒子很不願意去，他便用遊戲吸引他：用球拍端著乒乓球快速走、單腿跳、左右手拍球……漸漸地，兒子在運動中找到了樂趣，也喜歡上了運動。最近他覺得要是有個同年齡的人作伴，兒子會覺得運動更有意思，就想著在社區找個孩子來作伴。

聽完鄰居的話，我改變了想法。我決定說服果果爸，我們一起帶果果運動。果果爸聽了我講的鄰居的事蹟，很痛快地就答應了我的建議。於是我們全家人約定，如果天氣允許，每天運動半小時，每個週六和週日，每天運動兩小時。

自從訂下運動計畫，我們和果果一起堅持至今。經過有計畫的運動，我們的身體狀況好了很多，更重要的是果果的身子強壯了許多，原來做事馬虎、注意力不集中的毛病也改掉許多。

很多媽媽都知道運動鍛鍊對孩子的好處多多，也不斷教育孩子養成運動的習慣，但是無奈：「孩子太懶了，根本不願意堅持鍛鍊身體。」

其實孩子不願意運動不完全是孩子的錯，父母應該對此負責。因為孩子年幼，自制力差，興趣轉移快，他們做事沒有恆心。既然如此，與其跟孩子空講運動鍛鍊的意義，不如先改改我們自身的習慣，陪孩子一起做運動。當爸爸媽媽帶著孩子體驗運動的樂趣，堅持一段時間後，孩子一定會愛上運動的。

從果果的挑食來說說父母不良生活習慣對孩子的影響

果果有點挑食，菠菜、茄子、蕃茄、胡蘿蔔都是他拒吃的蔬菜。究其原因，果果爸也很挑食。我想與其說是遺傳，不如說是不良影響。比如有一次，我讓果果吃菠菜炒雞蛋，對他說：「果果，這是菠菜炒雞蛋，吃了就能像大力水手那樣有力氣了。」

「我不吃，爸爸都不吃，我也不吃。」不管怎麼勸他，他就是不吃。

我示意果果爸，他勉為其難吃了一口。我跟果果說：「你看爸爸都吃了。」果果看到爸爸不情願的樣子，問：「爸爸，是不是很難吃？」又轉向我：「媽媽，妳看爸爸吃了都不笑，肯定很難吃。」

他爸爸意識到自己對兒子的影響了，樂呵呵地又吃了一口，果果這才願意吃。

透過挑食這件事，我意識到孩子的很多生活習慣都是跟父母學的。有時候我們希望孩子改掉的不良生活習慣恰恰就是我們自己的習慣。如果我們希望孩子改掉，必須自己先改掉。有的媽媽做事很有條理，做什麼都有條不紊，那麼孩子通常也會不緊不慢；如果媽媽脾氣暴躁，孩子多半也不會很沉穩。這些可能有一部分是個性的遺傳，但是也不可否認日積月累、潛移默化的影響。

有同事跟我們說了他兒子製造的笑話。他家孩子都六歲了，還和他們睡一張床，他想讓孩子自己睡，就說：「你看你都這麼大了，應該自己一個人睡。」兒子立刻反駁說：「您和媽媽都這麼大了，為什麼還要一起睡？」我們聽了都大笑不已，這孩子還真有想法。不過笑歸笑，從這件事來看，孩子有時候還真的是把父母的言行當成自己言行的標準。

爸爸媽媽們為了孩子的好習慣，還是趕緊把自己的壞習慣改改吧！

5、百善孝為先——為孩子樹立孝順的楷模

要知道，我們怎麼對待自己的父母，孩子以後就會怎麼對待我們。

為什麼爸爸可以不聽話？

果果的爺爺奶奶並不是一直和我們住在一起，只是偶爾會來家裡住一陣子。尤其是寒暑假這樣的特殊時間。我和他爸爸需要上班，把果果一個人放在家裡不放心，只能依靠爺爺和奶奶照顧。

果果的爺爺奶奶都是很隨和的人，我和他們幾乎沒有發生什麼衝突，至於令很多年輕媽媽煩擾的婆媳關係，我也很幸運地並沒有遇到。我和他們是真心地相處融洽，並沒有因為要給果果做樣子才對他們好。我也沒有明顯感覺到我對果果爺爺奶奶的態度會對他產生多大的影響。

隨著果果長大開始懂事，我發現他有時候會觀察大人的行為和態度，並且模仿。比如之前我買了什麼好吃的，我會先拿給他爺爺奶奶吃再給他吃，他會迫不及待就開始吃。但是現

在，他也知道當我給他吃的時候，讓我先吃。

比如有時候我和他奶奶說什麼事情，我對他奶奶說：「這事我看著辦吧！您就別管了！」他也會跟著學，然後活學活用，我讓他做什麼事要怎麼做的時候，他學我：「這事我看著辦吧！您就別管了！」

有一回我和果果爸帶著他去爬山，臨走的時候他奶奶讓我們帶一壺水，還幫我們裝好了，他爸爸不想帶，就說：「不帶了，會增加重量的，到時候想喝再買吧！」爬山到中途，我們都渴了，果果爸去買水，果果一定要吃霜淇淋，不想喝水。

我跟他說爬山出汗了，吃太涼的食物不好，他不聽，哭喊著要吃。他爸爸惱了，對照著他屁股就是一巴掌，還說他：「你這孩子怎麼這麼不聽話！」

果果居然哭著說：「你自己都不聽奶奶的話，憑什麼要我聽你的話！嗚嗚……」

我也急了，說：「你這孩子怎麼這樣跟爸爸說話！」然後把他拉到一邊安慰他。

過後想想果果的確也沒有說錯。看來，今後真得多注意一些了，不然這孩子都看在眼中記在心裡了。

我想起曾經看過的一個故事：有一對中年夫妻，對年邁的父母很不孝順，他們把老人趕到了一間破舊的小屋裡居住，每到開飯時間，就用小木碗盛一些剩飯給老人端過去。一天，他們看到兒子在雕刻一塊木頭，就問孩子在做什麼？

孩子說：「刻木碗！到你們年老的時候，好用它給你們盛飯吃！」這對中年夫婦猛然醒悟，立即把父母請回正屋和自己一起居住，扔掉了那個小木碗，拿出家裡最好的食物給老人吃。小孩因此也轉變了對父母的態度，從此一家三代和睦生活。

之前我不相信，但是現在我相信了。

讓孩子看到我們的孝心

今天的孩子多數都是獨生子女，真可謂集眾多寵愛於一身。但獲取得多，卻不一定懂得感恩，相反，常聽父母感嘆：現在的孩子一點也不懂得心痛父母。所以，培養孩子的孝心也是今天父母必修的課程。

俗話說「百善孝為先」，「孝」是一種人倫道德，是做人的基礎。雖然現在已經不再是養兒防老的時代，有很多父母宣稱「不求孩子回報」，但培養孩子的孝心不僅僅是要教會他們懂得尊重父母、關心父母、體諒父母，對父母有感恩之心、能夠回報父母，更重要的是要他們學會長幼有序，學會正確與父母相處。

家庭是社會的細胞，父母是孩子的第一任老師，也是孩子建立的最初的人際關係，學會與父母相處，或者說與父母相處好了，將來才會與別人相處。

孝與不孝都不是天性。沒有哪一個孩子生來就是孝子；也沒有哪一個孩子生來就是不孝之子。孩子孝敬父母的品德是教育出來的。而教育並不是給他講大道理就可以的，而是要讓孩子看到自己身邊人的孝行，從日常的小事中體會孝的內涵，從一點一滴中培養孝的品格。有些家長，要求孩子孝敬自己，自己卻冷落甚至虐待長輩，他們對孩子的「孝心」教育肯定是無效的。

因此，父母們想要培養出一個有孝心的孩子，首先自己要做有孝心的人，並且要讓孩子看到自己的孝行，讓他生活在一個母慈子孝的環境中，久而久之他就會深受感染，養成孝順的習慣。

比如外出時我們和家裡的父母道別，告訴他們我們的去向，回家和父母打招呼；吃飯時，先替父母盛好飯菜，有好吃的讓父母先吃；和父母說話能和顏悅色，即使有分歧也要恭恭敬敬；父母身體不舒服，我們要噓寒問暖，盡心服侍；父母有什麼要求，我們要盡量滿足，如果不能滿足，也要耐心和他們說明理由，取得他們的諒解。如果沒有和父母住在一起，要經常去看望他們，幫他們多做一些家事，並且帶著孩子，讓他也感受一下這種父母子女之間的溫情。如此日長時久，孩子耳濡目染，潛移默化，就會逐漸養成尊敬長輩、孝敬父母的好習慣。

6、杜絕浪費——教孩子節儉

教孩子勤儉節約永遠都不會過時，不需要我們縮衣節食，只需要我們珍惜一粥一飯、一絲一縷。

從果果的書包說起

週末的時候收拾果果的房間，看到他的儲物櫃亂七八糟的，就想幫他好好整理整理。不整理不知道，一整理嚇一跳，雖然才二年級，果果已經用過四個書包了。翻出來一看，都是好的，一點都沒壞。那我為什麼讓他用了這麼多書包呢？

第一個書包是果果剛上幼稚園的時候買的藍色小海豚花紋的書包，背了不到一學期。有一次帶果果買衣服，服務小姐為了讓果果更喜歡那衣服，試衣服的時候給配了個背包，結果果果連衣服帶包都要，我就幫他買了，這是第二個。

這個書包用著好好的，果果生日的時候，他姑姑送了一個書包，果果「喜新厭舊」，不要舊的，一定要背新書包，我想著反正都送給他了，早晚要給他背，就給他背了。

後來他看到別的小朋友有拉桿的書包，吵著說書包重，要買拉桿的，我覺得他說的也有道理，就給他換了個拉杆的書包。就這樣，讀了不到五年書，換了四個書包。

想當年，我是一個書包從幼稚園背到國小畢業，現在的孩子們實在是太幸福了。

除了書包多，玩具也多，有好些我都沒什麼印象，證明果果都不怎麼玩過。這些玩具很多都是我平時想買給他的，其實他並不喜歡。

整理完儲物櫃，還有衣櫃。衣櫃裡面的衣服也有點多，還有沒撕下標籤的，看看號碼已經小了，不能穿了。記得果果的奶奶和外婆都曾經告訴過我，小孩子長得快，衣服不用買那麼多，穿不了多久就小了。但是我看到漂亮的衣服，就忍不住買回來。

我常常批評果果不節約，比如鉛筆還剩很大一截，就扔掉買新的，橡皮擦被他用小刀切成小塊，用不了幾天就說不好用要換新的；吃飯的時候也是，總是剩下小半碗吃不下，我只能倒掉；洗手的時候要把水開得大大的，一面抹著香皂，一面讓水在那裡流著……他的這些行為不僅被我批評，更被他奶奶批評過多次。但他總是改不了，好像已經成習慣了。我總是擔心，他現在還小，自己還不知道花錢買，等到大了，自己支配的錢多了，還不知道要怎麼樣呢！

整理完果果的東西，我發現，其實果果很多沒必要添置的衣物都是我心血來潮給他買的。我一方面經常為他不懂節約而擔憂，另一方面又帶頭亂花錢，讓他擁有那麼多本來就不需要的東西，助長他的浪費。我對自己進行了深刻的自我反省，看來我沒有做好榜樣。

勤儉節約是傳家寶

媽媽們應該都明白勤儉節約既是傳統美德，也是一個人得以成功的重要品格。「成由節儉，敗由奢」，培養孩子勤儉節約的習慣對他一生都是有益無害的。

但想讓孩子節儉實在是不容易。這些在蜜罐中長大的孩子似乎不知道節儉為何物。我曾經給果果講「鋤禾日當午，汗滴禾下土，誰知盤中飧，粒粒皆辛苦」這首詩，趁機給他講珍惜糧食的節儉故事，說到某個大人物吃飯時，偶爾掉在桌上一顆飯粒，馬上拾起來吃掉時，果果大惑不解，插話道：「媽媽，掉到桌上的飯粒還可以吃嗎？不會髒嗎？」因為我之前曾經告訴他，飯菜掉桌上就髒了，不能再吃了。

整個社會的大環境也使得我們培養節儉的孩子的願望變成了空談。且不說現在生活水準提高了，買件衣服、吃頓飯都不算什麼負擔，單說現在家中只一個孩子的情況較多，誰不是盡量滿足孩子的要求呢？

同學的孩子才九歲，就養成酷愛名牌的習慣，所穿的衣服、鞋子，不是「Nike」就是「愛迪達」。同學跟我訴苦：「他說班上的男孩子都穿這個，你要是不穿，就沒面子，同學們也看不起你！」可不是，有哪個媽媽願意讓孩子在別人面前丟臉呢？

但是與其抱怨社會環境，抱怨孩子，不如先想想自己的行為是不是能給孩子當榜樣。我們是不是常常從網路上買一些用不著的東西？我們的衣櫃裡是不是總有沒穿過的衣服？是不是經常給自己換個新的包包？去外面吃飯是不是經常點得多吃得少，還不願意打包？是不是經常忘記關燈關電腦？看到和別人穿了一樣的衣服是不是覺得很沒面子，然後再也不穿？

如果父母能從自身做起，不僅和孩子講明勤儉節約的意義，同時有計畫地支出、理性消費，家中一切物品，包括孩子的衣物、玩具、學習用品等都能有計畫、按需要添置，而不是根據自己或孩子的一時衝動購買，那孩子就知道買一件東西不能那麼隨意，不能「見好就要」了。如果父母平日裡在吃、穿、用等方面不和別人攀比，不鋪張浪費，節約一水一電、一絲一縷，給孩子做榜樣，就邁出引導孩子節儉的第一步了。

7、惜時如金——教孩子懂得珍惜時間

父母在家中也要營造出珍惜時間的氛圍，讓孩子感受到時間的珍貴，進而學會珍惜時間。

賴床的父子倆

果果做事有點拖拖拉拉，表現在生活的各個方面。比如每天早上起床，就是讓我最頭痛的問題之一。幼稚園的時候，早上八點半開始上課，我們給他訂的是七點半起床。往往我和果果爸七點起床，差不多七點半去上班的時候，奶奶就開始去叫他。可是果果總是不肯痛快地起床，醒了還要賴床一下，要叫到快八點才起來，吃完早餐再到學校，經常遲到。不過那時候他還小，我們也不忍心對他太嚴厲，也擔心他睡不夠。加上幼稚園管理也不是很嚴格，所以起床這件事情也就那麼得過且過。

上國小之後，學校離家稍微遠了一些，上課時間也改到了八點。而且通常是我送他上學，所以必須七點起床，七點半最遲七點四十要出門，才能保證他上學和我上班都不遲到。

這時候問題就凸顯出來了。

上學日，我們家的早晨經常是這樣的：七點的鬧鐘響了，我們都起來了，我去看果果，他也醒了，睡眼惺忪對我說：「媽媽，我再睡會兒吧！」我說不行，要遲到了，他又翻個身，我急了，拉他起床，他沒辦法，就坐起來，然後發一會兒呆。

我洗漱好了，再去看他，發現他又躺被窩裡了。這時候已經七點二十了，我把他從被子裡揪出來，他實在沒辦法才慢吞吞穿上衣服。洗漱完，要吃飯了，一看鐘，快七點四十了，他就開始著急，飯也不能好好吃，拿著早餐就要上學去。

至於寒暑假，不用準時去上學的日子，我不在家，果果愛睡懶覺的毛病更加肆無忌憚。其實平時果果晚上九點睡覺，早上七點起床，中午還能小睡一會兒，睡眠時間應該是夠的。經過我的分析，他賴床的毛病就是跟他爸爸學的。

很多人上了一週的班，到了週末就習慣會睡懶覺，可能也不一定能睡著，但就是要在床上賴著，看看書、看看手機上上網，或者什麼都不做，就躺著，也覺得是很好的休閒方式。果果爸就是典型的這種習慣。

以前果果小的時候跟我們睡起，週末的時候我先起床了，他們父子倆就賴在床上不起來。有時候要到十點多才起床吃早餐。不起床的時候，他倆就在床上說話，或者玩鬧著，我看著覺得就是一個小孩子、一個大孩子，不過也覺得很好，很溫馨。

週末是兩個都賴床，到了要上學上班的時候，「大孩子」知道要按時起床，小孩子卻不能那麼好地控制自己，似乎積習難改。

我跟果果探討這個事情，想要教育教育他，對他說：「你知道早上如果按時起床，可以節約多少時間嗎？」

果果說：「我上課不遲到就可以了。」

我說：「可是你起床晚就不能好好吃早餐，對身體不好。」

他回答說：「我覺得拿在手上吃也很好。」

我接著說：「早上總是急急忙忙的，對一天的心情都有影響。」

他回答說：「只要媽媽不罵我，我心情就很好。」

我沉住氣，更加語重心長地教育他：「你知不知道有句諺語說一日之計在於晨，就是說早上要把一天好好計畫，這一天才能過得充實，要是每天早上睡懶覺，那這一天就荒廢了。」

果果無辜地看著我說：「我不知道那句話。我也不要計畫，聽老師的安排就可以了。」

看來用說服的方法根本無法教育他。

讓他看到珍惜時間的好處

又逢一個長假，我們沒有出遊的打算。我跟果果爸商量，這個假期包括以後週末能不能不要那麼晚起床，假期不一定非要睡懶覺，我們可以做些更有意義的事情用於休閒，這樣對果果也是一種教育。果果爸還有點不情願，辯解說果果賴床與他無關。經過我再三說服，才答應聽我的看看效果。

長假的第一天早上七點，我就起床了，同時叫醒果果爸，他之前已經答應我了，所以乖乖起床。我們穿好運動服一起到果果的床前叫他起床，他醒來看到我們很驚訝，尤其是看到爸爸，他問：「爸爸媽媽你們今天還要上班嗎？」

我說：「今天不上班，但是不上班也要早起，因為有重要的事情要做，你快起來我們一起去吧！」果果不願意起來，說還想睡，我和他爸爸使個眼色，不理他，出去了。

我們到附近公園散步，然後去街邊早點攤吃了早點，再慢慢回家。一看，果果還沒有起床。他聽見我們回家了，可能是好奇，起來了。跑出來問我：「媽媽，您和爸爸幹嘛去了？」

我說：「我們去公園了，早晨的空氣可新鮮了，草地上都是露水，還有好多小鳥在唱歌，我們還在外面吃了早點，可好吃了。」

果果一聽急了，說：「媽媽您怎麼不帶我去？」

我說：「我叫你了啊！你不起床要睡覺。」果果一聽，顯出後悔的神色。

我趁機把我的安排說出來：「現在是八點半，我和爸爸預定了九點半的電影票，咱們九點從家出發去電影院，然後電影結束大約是十一點。中午我們回家做好吃的。吃完之後休息一小時，下午三點我們打算去書店，看書加買書，大約兩小時。回家大概六點，吃完晚餐大概七點，我們準備去附近露天廣場看表演，晚上八點半回家，九點半睡覺。大家對這個時間安排有沒有意見？」

果果爸說沒意見。果果一時還沒反應過來，因為平時只要放假，我們都是很自由的，睡到幾點算幾點，白天想到什麼就做點什麼，晚上我們也看電視、上網或者看書到很晚才睡，總之一天下來什麼都沒做。

現在我提出這麼詳細的安排，果果很不適應，他問我：「媽媽，我們一天可以做這麼多事情嗎？」

我說：「當然，休息的時間也可以安排得很好，可以做一些平時想做又沒時間做的事情呀！」

果果說：「那我也同意。」

一天下來，我們都按照計畫完成了預定的事項，晚上從露天廣場回家的路上，果果爸感慨：「這一天真充實！」

果果也激動地說：「媽媽，我還想去遊樂園，還想和爸爸一起去打羽毛球，還想去看外公外婆，還有好多事情想做。」

我說：「那你就制訂一個好計畫，我們一件件都做了。不過有一樣，就是不能拖拖拉拉，要珍惜時間，不然一件事耽誤了，後面的都完成不了。」果果似懂非懂點點頭。

第二天，我先起床，聽到果果的鬧鐘響了，不一會兒，他起來了。看我還在家，很高興，說：「媽媽，我們去公園玩吧！」

一連幾天，我盡量讓果果來給我們安排行程。因為他想做的事情多，所以時間安排的比較緊。有時候早上他想睡懶覺，我就提醒他，再睡的話，遊樂園就不能去了！他肯定很快就爬起來。晚上他不睡覺，我也提醒他，明天還要早起，不然趕不上木偶劇開場了！經過這些天，我感覺家裡的整體節奏都變了，不像以前那麼懶散了。

最重要的是，果果不僅生理時鐘得到調整，早上醒的早了，而且對時間也有了概念，知道安排行程的好處了。

果果爸也向我保證，以後晚上不熬夜，早上也不睡懶覺了，有睡懶覺的時間可以做好多事。看來不僅是果果，他的爸爸也得到了很好的教育呢！

8、知禮懂禮行禮──培養有禮貌的孩子

一個沒有禮貌、舉止粗俗的父母，很難培養出有禮貌的孩子。

遇到一個彬彬有禮的小朋友

記得在果果上幼稚園之前，我們每週都要去上親子班。和我們一起上課的有個叫梓涵的小女孩，特別有禮貌，經常被大家誇獎。她每次見我們都會跟我們打招呼：「叔叔好！阿姨好！」

一起上課，有時候要大家合作完成一些作業，只要我幫她哪怕一點點小忙，她都要說「謝謝」，小朋友們一起玩，難免會有小碰撞，只要是她碰到別人，她都積極認錯，和人家說對不起。有時候下課了，大家都忙著拿書包、穿鞋子，只有梓涵把自己坐的椅子認真擺好，把弄亂的東西放回原處。

都說現在的孩子很以自我為中心，霸道、不合群。果果雖然說不上霸道，但確實有點自我為中心，有時候別人為他做的事情他似乎覺得理所應該，不知道說謝謝；做了錯事也總不

願意認錯，就算認錯態度也不端正，連個「對不起」都不好好說。但是梓涵卻改變了我的看法。我想既然她可以被教育成這樣彬彬有禮的孩子，別的孩子為什麼不能呢？於是，我和梓涵的媽媽請教這件事情。

一問才知道，梓涵的媽媽是空姐，自己職業的原因，在家裡也是言傳身教，所以梓涵耳濡目染，從小就很有禮貌。

問過梓涵的媽媽之後，我明白了，千言萬語不如自己親身實踐，要想孩子懂禮貌，除了天天教他怎麼說、怎麼做，不如讓他看看媽媽怎麼說、怎麼做。但我不是從事服務行業，在禮儀方面也不能像梓涵的媽媽那樣規範，大概也無法把果果教的像梓涵那麼好，但是我也不貪心，有那一半就好了。

平時在我們家裡，大家基本都不會說「謝謝」、「對不起」之類的話，沒有那個意識，也覺得沒那個必要。一家人何必弄得那麼客套呢？但是為了教育果果，我和果果爸還有爺爺奶奶都說好了，我們在對果果的態度上，可以客氣一些。

比如他幫我們倒水了，我們就要跟他說「謝謝」，把他的玩具碰翻了，就必須對他說「對不起」，出門的時候要和他說再見……經過一段時間的薰陶，果果果然進步不少，說起話來也禮貌多了。

上了幼稚園之後，果果接受老師的教育，禮貌方面更有進步，有時候表現得還真像個「小紳士」呢！不過我發現，他還是很善於模仿，有時候不知從哪裡學來一句髒話，他自己並不知道那不好，就是覺得新鮮，回家順口就說出來，我跟他說那是髒話，不能說，他才不說。

透過這些，我還真是體會到環境對孩子的影響作用有多大。就更加注意提醒自己和家人，在果果面前說話做事都要注意，一不小心說了不禮貌的話做了失禮的事，就會被他模仿去了。學起來容易，想讓他改掉就困難一些了。

也談談我們身邊的不文明現象

我們都感受得到，現代社會是一個開放的社會，人與人之間的交往是頻繁的。而良好的禮貌習慣是人際關係的起點，一個沒有禮貌、舉止粗俗、不尊重他人的人，在工作中很難獲得同事的尊重和友好合作，在生活中也不易獲得友誼和自信，因此往往缺乏幸福感。所以，教孩子從小懂禮貌、講文明對他以後的成長和發展都是有益的。但是我卻經常看到一些父母的不文明行為。

在風景區裡，一對夫婦在孩子面前一邊吃著瓜子一邊坐在雕塑上談笑風生，在他們周邊，灑落了一地的瓜子殼、果皮和飲料瓶；一個孩子把嚼過的口香糖用紙包好要爸爸帶著去找垃圾桶，可是爸爸卻從孩子手裡拿過口香糖，旁若無人地丟到旁邊的草叢裡，「老師說不可以隨地扔垃圾！」孩子依然想撿起來投進垃圾箱桶，卻被忙著看風景的父母拖走了。

一個媽媽帶著三、四歲的孩子逛街，孩子想上廁所了，媽媽圖方便，讓她在路邊解決；一位媽媽帶著剛剛放學的孩子乘車回家，到中途旁邊空出兩個座位，沒等旁邊的乘客反應過來，媽媽便把兒子按到空出的座位坐下，自己則迅速坐到後邊的座位上，絲毫沒有顧及旁邊還站著一位老年人；某學校門前主幹道兩側的人行道上，停了好多輛送孩子上學的車子，熙熙攘攘的人潮、車流一度將門前道路塞得水洩不通，有些車輛在離開時為了搶先一步而互不相讓……這些場景幾乎每天都在上演，也就是說我們的孩子每天都會看到種種不文明的行為。

每個媽媽都希望自己的孩子是一個有禮貌、有教養的孩子。從這個意義上說，媽媽應該時刻為孩子做榜樣，身教勝於言傳。這些不文明的行為不僅有違公德，也可能讓我們的孩子學到不該學的行為習慣。

要想培養有禮貌、懂禮儀、有公德心的孩子，我們也得先做有禮貌、懂禮儀、有公德心的父母。一些看似微不足道的小事，可能給孩子幼小的心靈帶來極大的影響。因此，我們先檢討自己：在與人交往的過程中，禮貌用語是不是常用？在公共場所裡，有沒有大聲喧嘩，有沒有遵守公共秩序、禮讓他人？鄰里之間是不是禮貌相待？我們自己做好了，孩子自然會受到正面的影響，正所謂「其身正，不令而行」。

9、沒有規矩不成方圓——為孩子樹立遵守規則的典範

在家裡，父母不要因為自己是規則的制訂者就可以不用遵守規則，那會讓孩子找到不守規則的理由。

一個讓孩子難為情的媽媽

那天和果果一起去超市，看到一個年輕的媽媽帶著七、八歲的兒子也推著購物車在選東西。到了擺放水果的地方，不少人在挑選特價的蘋果。這個年輕媽媽也想買蘋果，就對孩子說：「兒子，你快去挑！挑大的，媽媽去拿購物袋。」只見媽媽邊說邊飛快地跑去拿購物袋。挑蘋果的人很多，把整個攤子圍滿了。小男孩有點不知所措，就站在人群後面等著。當媽媽拿著購物袋返回時，小男孩還站那裡。

他媽媽不滿地問道：「不是讓你先挑嗎？你怎麼還站著呢？」

小男孩看著媽媽說：「人太多。我們等會兒吧！」

他媽媽不滿地看了一眼兒子，說：「看你這孩子，怎麼這麼老實，擠進去不就行了，過一會兒好的都被挑完了！」她邊說邊用力擠了進去，並把小男孩拖到自己的身邊。

周圍的人有點不滿，有人說：「別擠，該有個先來後到吧！」小男孩有點不好意思，看著他媽媽。可是他媽媽沒時間看他，自顧挑著蘋果，捏捏這個，摸摸那個，沒看上的就扔到一邊，可能用力太大，把一個蘋果丟到了地上。

小男孩提醒他媽媽：「您小心點，扔地上了。」說著想蹲下去撿起那個蘋果，可是人太多，蘋果不知道滾到哪裡去了，他還想找，被他媽媽喝止了：「還用你撿嗎？超市那麼多服務員幹什麼的！你來幫我挑挑，真是不知道幫忙！」於是小男孩就幫著媽媽挑蘋果。

挑好了，這個媽媽帶著小男孩去秤重處。看到前面有十幾個人在排隊等著。媽媽對孩子說：「兒子，你去前面讓人幫你先秤一下，你小，別人不會說你的。」

小男孩看了看排好的隊伍，扭捏著不願意去，這時候媽媽又發話了：「這麼多人，排隊得等到什麼時候，你還說下午去遊樂園呢！」於是小男孩紅著臉，很不好意思地插到隊伍前面。這時候後面排隊的人不願意了，有人喊著：「小孩，到後面排隊了！」

服務員見他小，就對後面的人說：「大家讓一下吧！讓這孩子先秤，拿著這一大袋子蘋果怪重的。」說著就幫他秤了。

小男孩更不好意思了，拿著秤好的蘋果氣憤地扔到媽媽手上，飛快地跑開了。他媽媽有點得意地笑著說：「看這孩子，臉皮怎麼這麼薄呢？」

和我一起的果果也看到整個的過程，他對我說：「那個哥哥為什麼不排隊呢？」

我說：「他媽媽叫他不要排隊。」

果果又問：「為什麼他媽媽不讓他排隊呢？」

我說：「他媽媽不守秩序，不是個好媽媽。」

果果接著問：「為什麼他媽媽不守秩序呢？」

「十萬個為什麼」又開始了。我覺得這也是我想問的問題，為什麼她不守秩序，還讓自己的孩子這麼難堪？這樣的事情做多了之後，那個現在還知道不好意思的小男孩會不會也對這種事情習以為常，不再感到不好意思？到時候遵規守紀的孩子又少了一個。

規則不僅約束孩子，也約束大人

上車要排隊，銀行辦事要排隊，一些人多的公共場合都需要排隊，這就是基本的社會規則。違背這些規則，雖然不違法，但可能被視為沒有修養，會被人看不起。如果養成習慣，則會漠視規則，最終漠視法律法規，走上違法犯罪的道路。我們都希望孩子是個懂規矩守規則的人，從短期來看是希望能讓孩子有教養，從長遠來看，希望孩子有遵紀守法的意識。

我想，要想孩子養成守規矩的好習慣，媽媽首先要以身作則，遵紀守法，不要在孩子面前成為違反規則的一個負面榜樣。但在生活中，我們很多人都忽視了這一點。很多時候不是我們在教育孩子，反而是孩子在教育我們。

比如，早晨送孩子上學的路上，爸爸媽媽們趕時間，於是過馬路也不走斑馬線了，看到是紅燈還是帶著孩子往前衝，遇到欄杆不願意繞行，直接就翻過去，然後抱過還翻不了欄杆的孩子……這種事情幾乎每天都在發生。

孩子們在學校學習「紅燈停，綠燈行」，但是在外面，爸爸媽媽卻不按照老師教的那樣做。小一點的孩子可能會困惑，會提醒爸爸媽媽；等孩子大了，有的孩子可能就對此習以為常，自己也常常不遵守交通規則；有的孩子有了是非觀，會覺得自己的爸爸媽媽怎麼是這樣的人，會打從心裡看不起自己的爸爸媽媽，父母的權威就不復存在，想要教育孩子也就難了。

在家裡也是一樣。比如我們希望孩子能保持家裡的乾淨整潔，規定孩子的玩具不能隨意亂放，否則就要罰當天不能看電視。但是我們自己把報紙雜誌隨手一扔也不管。孩子肯定會不服氣，為什麼大人可以亂扔東西，自己卻不可以呢？

有一次在超市不巧聽見幾個小朋友談話，其中一小朋友跟同伴說，告訴你們，我爸爸超厲害的，前幾天從這裡帶出一袋開心果沒有付錢！其他小朋友都敬佩的說，哇，你爸爸好厲害啊！我聽了真為這些孩子擔憂，所謂「上行下效」，這些孩子從父母那裡學的這些行徑，他們如果「發揚光大」，那社會又多了一些不安定份子了。

要想孩子守規矩遵法紀，我們必須首先做到。只有這樣才有資格教育孩子，當孩子不守規矩的時候，我們教育起來才能理直氣壯，說出的話也才有說服力。

Chapter 6

贏得支持——不再把孩子的教育當成自己一個人的事

教育學的理論告訴我們，孩子的發展由四個基本要素共同決定：遺傳、社會環境、教育和孩子自己的主觀能動性。當媽媽為教育孩子感到困惑，感到力不從心的時候，不要自責，因為孩子的教育問題不是媽媽一個人的事。因此，媽媽們不妨積極尋求幫助吧！

1、培養孩子自我教育的能力

孩子是整個教育過程的主體，只有他的主觀能動性調動起來，教育才有效果。

初步嘗試「目標管理」

公司今年進行了一些改革，其中最重要的就是完全實施「目標管理」。將整個公司的年度目標細分到各個部門，然後細分到每個人；從全年的目標細分到月，然後到週。每週一大家提交工作計畫，每週五提交工作總結，根據完成情況進行績效考核。經過這麼一改，大家的工作積極性和工作效率都得到了明顯的提高。

我從中受到啟發，覺得這個方法可以運用到管理我家果果身上。與其天天盯著他讓他要這樣不要那樣，不如運用一些激勵機制，讓他自覺按照我們設定的目標去做。

既然是目標管理，首先是要有目標和激勵機制。想要果果去完成目標，那麼這個目標和激勵機制必須徵得他的同意。所以我和果果進行了一番談話。

我問：「果果，你想不想媽媽以後少管你一些？」

他毫不猶豫地說：「想！」

我心裡暗自高興，說：「那我們來制訂一個目標，然後你照著這個目標完成就可以了，媽媽也不管你，全靠你自覺。但是媽媽會給你打分哦，每週一次，如果沒及格就沒有零用錢，如果及格的話，下週的零用錢就有了，如果能達到80分以上，媽媽就獎勵50元，怎麼樣？」

果果想了想，問我：「如果沒及格那我沒有零用錢怎麼辦？」

這孩子考慮問題怎麼就不往好的方面想呢？不過想得倒挺周到，於是我告訴他可供選擇的解決方法：「如果沒及格，你可以花你存錢筒裡的錢，或者可以跟媽媽借，等到下次及格了或者有獎勵了再還給媽媽。」他又想了想，很高興地答應了。

既然答應了，那我們就開始制訂下週的目標吧！我把目標事項都列出來，比如起床時間、洗臉、刷牙、疊被子、書桌的整理、寫作業的品質、幫助大人做家事等等，然後把各個目標按照完成的品質分成三個等級，即不及格、及格、優秀。我把這些都一一解釋給果果聽，有的他不同意，我又根據他的意見改了改，最後我倆達成一致了，把這些都列好做了一張表，貼在冰箱上。

一週過去了，在列的目標項裡，12項裡居然有6項沒及格，所以總體當然是沒及格了。看到這個結果，果果都要哭了。不過他也沒有什麼能辯解的，畢竟制訂的時候他同意了，打分的時候我給他說了理由，他也認可。

那零用錢還要不要給呢？我正猶豫呢！果果發話了：「媽媽，我能不能跟您借20塊？」這下子我不猶豫了，說好的不給絕對不能輕易就改變了，更何況他主動遵守了。於是我很痛快地答應借20塊錢給他。

然後我們又把下週的目標也制訂下來，有的地方又改了改。經過一個學期的目標管理，果果的行為比以前有了很大的改觀，自覺性大大增強。

讓孩子自己教育自己

我們都學過辨證法，知道事物的發展是內因和外因共同作用的結果，其中內因是根本動力，外因只是起促進作用。其實這個理論用在孩子的教育上，同樣是適用的。父母的教育、學校的教育都只是孩子發展和進步的外因，孩子自己才是內因。所以要想教育更省力，父母千萬不要把孩子當成教育的局外人，而應該依靠孩子，挖掘孩子自我教育的潛能。

比如我所試驗的目標管理，我覺得實際上就是讓孩子進行自我管理的一種方式。這種方式優勢很明顯：我不用天天在他耳邊嘮叨了，他也很清楚自己的行為要到什麼標準，如果沒達到會有什麼後果；也不用我去評價他做得好或者做得不好，他自己對照目標就知道自己到底做得好不好。

雖然制訂目標的時候會有點麻煩，但是省去了一天天瑣碎的麻煩。更重要的是，果果的自覺性提高了，他在這個過程中獲得了成長。如果之前的教育是我讓他做什麼不能做什麼，現在是他自己知道該做什麼、不該做什麼了。當然，他還小，要達到完全不要我管的程度還有很長的路要走，但至少我們邁出了第一步。

教育孩子其實不單單是父母和學校的事，也是孩子自己的事。甚至從本質上來說，這就是孩子自己的事，父母和學校只是發揮一個輔助的作用。讓孩子自己教育自己，就是看到這樣的本質。

依靠孩子，首先要相信孩子，其次要去發掘孩子的自我管理的潛能。比如給孩子自由支配的資源，讓他自己去計畫想要完成的事；給他提供一定的支援，讓他自己解決自己的困難；給他自由交往的權利，讓他自己選擇朋友；給他自由申辯的機會，讓他自己對自己的行為進行評價……總之，讓孩子在這個過程中明白，自己要變成一個什麼樣的人，自己離這個目標還有多遠，透過什麼方法能夠實現，需要父母提供什麼樣的支援。讓孩子參與對自己的管理中，孩子的能力會得到提升，自信心也會得到增強，進步就在不經意中產生了。

2、教育孩子，爸爸有責

教育孩子的事情不是理應由媽媽負責的，爸爸也應該擔起應有的責任。

很少在幼稚園露面的後果

不知道是不是整體社會風氣都這樣，教育孩子似乎是媽媽的專利。雖然大部分的媽媽也和爸爸一樣要上班，但總會不自覺地把家庭放在最重要的位置。我認為這種風氣助長了爸爸們的「懶惰」，以各種藉口推託了本屬於他們教育孩子的責任；同時也增重了媽媽們的負擔。

當然，在孩子教育得頗有成就的時候，也增強了媽媽們的自豪感和成就感。但不管怎麼樣，媽媽們還是不應該因此剝奪爸爸們的權利，而應該讓孩子有更多的機會接受爸爸的教誨。否則後果很「嚴重」！

果果爸在教育孩子方面是個懶惰的爸爸。工作比我忙是一回事，有時候他是能少一事是一事。接送孩子的事情他很少做，平時有時間就陪果果玩，沒時間就對孩子不聞不問了。有時候教育果果他也不夠有耐心，自己也像個孩子一樣，果果不聽他的，就生氣。有時候一出差就是一個星期，那這一個星期就只能電話和我們溝通了。而我，自從有了孩子，幾乎不出差，僅有的一次，走了一週，心卻留在家裡。男女的差別就是這麼大。

不過他爸爸也受到了應有的「懲罰」。果果對我明顯比對他爸爸親。有一次，還是果果上幼稚園的時候，果果爸因外出拜訪客戶，提前回家了，就自告奮勇要去接孩子。下班我直接回家，看到他們父子倆已經在家了。

果果急切地問：「媽媽，為什麼您不來接我！」

我說：「爸爸好不容易下班早，就讓他接了。」

果果說：「我喜歡媽媽接！」

果果爸也不高興了：「我還不願意接呢！我今天去接他，老師都不認識我，說不記得我是果果的爸爸，還問果果我是不是他爸爸。你說氣人不氣人。」

我說他們怎麼都不怎麼高興呢！原來如此。我說：「那能怪誰呢？你平時去的少，老師不認識你是正常的。」

果果的爸爸爭辯道：「我也不是不想多去啊！這不是我工作忙……」又來了，工作忙就是永遠的藉口。我沒有再和他討論這個問題，心裡想，既然工作忙沒時間管孩子，那就不要抱怨孩子不和你親，不要抱怨老師不認識你。

爸爸們，請不要以工作做為藉口

我看到一個小故事，把他推薦給果果的爸爸看，希望他能有所觸動。這是個外國的故事，可能很多人都看過了：

一位父親下班回家很晚，又累又煩，他發現五歲的孩子站在門口等他。

「我可以問您一個問題嗎？」

「什麼問題？」

「爸爸，您一個小時可以賺多少錢？」

「這與你無關，你為什麼問這個問題？」父親生氣地說。

「我只是想知道，請您告訴我，您一個小時賺多少錢？」兒子哀求道。

「假如你一定要知道，我一個小時賺20美元。」

「喔！」兒子低下頭，接著又說：「爸爸，可以借我10美元嗎？」

父親發怒了：「如果你只是要借錢去買玩具的話，那就給我回房間上床。好好想想為什麼你那麼自私。我每天長時間辛苦工作，沒時間和你玩小孩子的遊戲。」

兒子安靜地回到了自己的房間。父親坐下來還在生氣，過了一會兒，他平靜下來，想著他可能對孩子太兇了——或許孩子真的很想買什麼東西，再說他平時很少要錢。

父親走進小孩的房間：「你睡了嗎，孩子？」

「爸爸，還沒，我還醒著。」小孩回答。

「我剛才可能對你太兇了，」父親說，「我將今天的氣都爆發出來了——這是你要的10美元。」

「爸爸，謝謝您。」小孩高興地叫著從枕頭下拿出一些被弄皺的鈔票，慢慢地數著。

「為什麼你已經有錢了還要？」父親生氣地說。

「因為這之前不夠，但我現在足夠了。」小孩回答，「爸爸，我現在有20美元了，我可以向您買一個小時的時間嗎？明天請早一點回家——我想和您一起吃晚餐。」

父親一臉的愧疚，緊緊的抱住了兒子。

故事中的小男孩在我們身邊隨處可見。可能在大部分的家庭裡，爸爸是經濟支柱，承擔著養家糊口的重任，所以在教育孩子方面是心有餘而力不足。也有的爸爸的觀念裡，教育孩子是媽媽的事，即使在家，也很少過問孩子的事情，寧願守著電腦玩遊戲，也不願意和孩子一起玩。不論出於什麼原因，父親在家庭教育中的缺位，已經成為了一個備受關注的社會問題。

有一個新聞報導了這樣的事情：一個幼稚園大班的孩子在「假如我有一把鎖……」的主題班會上說：「假如我有一把鎖，我想鎖住爸爸的車、手機、電腦，這樣爸爸就能和我一起玩了。」這個回答讓老師深感意外，他從這個孩子的想像中推測出孩子的爸爸可能很少陪孩子玩，就想和他的爸爸溝通一下，讓他盡量多陪陪孩子。但是很長時間都見不到這孩子的爸爸，每次家長會都是媽媽來。

我相信這是真實的報導，因為我去參加果果的家長會的時候，一個班有三十幾名小朋友，通常只有四、五個爸爸來參加，其餘全是媽媽。而在上學、放學的接送隊伍中，爸爸的身影也不多見。

難道這個社會的爸爸都那麼忙嗎？即便真的那麼忙，我想爸爸們也要挪出一些時間分給孩子，媽媽們也要勸說爸爸們積極參與孩子的教育，分擔自己的重擔。父親角色的缺失會給孩子的發展造成不良的影響。記得在一本書上看過，美國歷史上唯一連任四屆的總統羅斯福說過：「對兒子，我不是總統，只是父親。」爸爸們工作再忙，會比美國總統還要忙嗎？

3、親朋好友全動員

如果不想自己辛勤教育的結果在一、兩次家庭聚會中毀於一旦，媽媽最好和親朋好友們在對孩子的教育方面達成共識。

iPad事件

某天果果爸回家告訴我們，果果的叔叔和嬸嬸暑假期間要從美國回來探親了。他們夫妻上大學的時候就去美國留學了，後來就在那邊工作、結婚。他們大約兩三年才回台一次，看望父母和親人。上次他們回國的時候，果果才四歲，這次回來，果果都讀二年級了。

果果很期待，因為上次叔叔和嬸嬸從美國回來給他帶了很多禮物，主要是玩具，是在國內都買不到的，果果在小朋友面前炫耀了一番，覺得很有面子。我卻有點忐忑，因為他們在國外久了，觀念和我們都不一樣，尤其是教育孩子方面。我挺擔心他們把西方的自由主義作風帶到我們家，其他人倒還沒事，果果肯定大受影響。

暑假期間，叔叔和嬸嬸如期而至，果果很高興。他們還沒坐穩，果果就迫不及待想知道他們給自己帶了什麼禮物。叔叔從包包裡拿出一台最新款的iPad，說這個是帶給果果的禮物。果果接過禮物，跟叔叔說謝謝，就在那好奇的觀看。

我一看心裡就直打鼓，跟果果的叔叔說：「果果這麼小，玩不了那個。」果果的叔叔不以為然，說：「這個很簡單的，裡面很多益智遊戲，我身邊的小孩子都喜歡，而且這個比在國內買便宜不少呢！」果果一聽說是遊戲，就喜形於色，我也不好說不給他，就警告他：「每次只能玩一會兒，知道了嗎？」果果都沒時間理我，纏著叔叔給他講解。

其實我也知道，很多小孩子都喜歡iPad，果果之前也見小朋友玩過，還很羨慕，問我可不可以幫他也買一個。但是我和他爸爸對這個不是很感興趣，單單為了果果，我們也從沒想過給他買個那麼昂貴的玩具。而且更重要的是，一個朋友警告我千萬別買iPad，小孩子會玩上癮，她家女兒上學期末考了「優」，她喜出望外，給女兒買了一台iPad做為獎勵。整個寒假女兒除了吃飯睡覺，剩下的時間都抱著這個新鮮玩意，就連上廁所也要帶著，成了一個標準的「iPad狂」。

大人警告她不能玩太長時間，她也不聽，有時候偷偷玩。臨近開學的時候，女兒經常跟她抱怨眼睛痛，她帶著孩子去醫院一查，結果讓她大吃一驚：一個寒假下來，孩子視力明顯下降，不得不靠戴眼鏡來矯正視力。

我平時對果果看電視和用電腦都控制的很嚴格，一方面是為了讓他有更多時間用在學習上，一方面也是為了保護他的視力。結果叔叔這一台iPad讓我為難了。不給他用，他顯然不服氣，叔叔都說了是給他的禮物；再說不給他用顯得我們不喜歡這個禮物似的，叔叔和嬸嬸可能會有想法。給他用，又擔心他上癮，更擔心他用壞了眼睛。怎麼辦才好呢？

思來想去，解鈴還須繫鈴人，我跟果果的嬸嬸說了這件事情。她一聽，連說很抱歉，真的沒考慮到這麼多。然後我們就一起想怎麼解決這個問題。最後一致同意再去弄個禮物，把這個iPad換過來給我保存。

果果的叔叔只得告訴果果說這個iPad有個大毛病，需要寄回美國修理，等下次回來再給他帶過來。然後又幫果果買了一雙他早就想要的球鞋。這件事情才算解決了。那台iPad至今放在我們房間，果果爸偶爾趁果果不注意的時候拿來用。

我們結成了統一戰線

有了孩子之後，我有時候很怕帶孩子去拜訪親戚。一方面，親戚之間不免互相攀比，尤其是過年的時候，聊著聊著就聊到孩子考試考多少分，考好的不免沾沾自喜，考不好的孩子就像犯了多大的錯誤，在大家面前都不敢抬頭。

另一方面，大家教育孩子的方法各不相同，我不想干涉別人但不能阻止被人干擾。比如，我不允許果果玩電腦遊戲，果果的小表弟卻是個遊戲迷，孩子們在一起，小表弟總是喜歡炫耀自己的戰果，打到多少級過了多少關，說得果果也蠢蠢欲動。小表弟的媽媽也勸告我：「孩子玩遊戲有利於開發智力，妳不讓他玩，他還越想玩，不如讓他玩吧！」

我還經常擔心親戚或者朋友給果果買禮物。雖然他們是很有誠意，但有的時候買來的禮物又是我不希望果果玩的。這時候我就變得很為難。

iPad事件讓我得到了啟發，在教育孩子的過程中，其實和親朋好友統一意見，取得他們的支持也很重要。如果我讓他們知道我的原則和我對果果的要求，請他們配合我，盡量少給孩子傳達跟我截然相反的觀點，他們肯定會積極支持我。

4、和老師保持聯繫

和老師保持聯繫，獲得老師的支持，教育孩子會省力許多。

小朋友眼裡的果果原來是這個樣子的

做為孩子的父母，我們都覺得自己的孩子是最好的，在我眼裡果果是那樣的可愛，就像一塊完美無瑕的玉，讓人怎麼看怎麼喜歡。在我眼裡，果果身上那些缺點，被他的天真無邪、活潑可愛巧妙而不著痕跡地折射掉了。於是在家裡，對待果果調皮搗蛋，甚至不聽話賴皮、撒野，我都是莞爾一笑，想當然地認為孩子天性如此，不必過於拘束孩子。

我對孩子的縱容，引起了母親的不滿，做為老人，在教育孩子上自然有站出來說話的自信和權威。她說，不能這樣嬌慣孩子，這樣慣著孩子會把孩子慣壞的。孩子做事情不對的地方就應該嚴厲指正，不聽話就要打屁股。

想想果果是我身上掉下來的肉，含在嘴裡都怕化了，別說打了，就是大聲對孩子說話我都捨不得。母親所說的話我也自然不會放在心上，直到有一天，發生了這樣一件事。

一天，我突然接到果果所在幼稚園中班姚老師的電話，電話中姚老師一副很嚴肅的口氣，她說果果最近問題很嚴重，希望我能去一趟。一聽這話，我就急了，果果在家裡一直很好，除了具有四歲孩子本該有的頑皮天性外，怎麼也不會到問題很嚴重的程度啊！

「姚老師，您弄錯了吧！」我懷疑地問。「沒有弄錯，果果不僅在幼稚園中班出了名，而且在幼稚園大、小班都出了名，弄得整個幼稚園小朋友見了他就怕。」姚老師堅定的語氣，讓我覺得稍微有點信了。但是在內心中我依然不能夠完全相信和接受姚老師口中所說的「事實」。

做為母親，我想在這個世上我是最瞭解他的人了，也許是姚老師不喜歡果果，對果果抱有偏見造成的。於是，在我內心中陡然生起了一股無名火，帶著不滿，我來到了幼稚園。沒等見到姚老師，一群小朋友圍了上來，紛紛告果果的狀，說果果怎麼欺負他們，有的小朋友還一臉委屈地說果果搶了她的玩具。這時我才意識到了問題的嚴重性。

後來，見到姚老師，經過一番細聊才瞭解到果果在學校「野蠻」出了名，隨意打人、搶東西。直到此時我才知道，原來我眼中那個完美無瑕的果果，在老師和幼稚園小朋友面前卻是一個渾身長滿刺的「刺頭」。此時我才意識到自己平時由於工作忙，忽略了和老師的溝通，沒有即時發現孩子在學校中的問題，使小毛病在家長的忽略中變成了棘手的大問題。

還好，在姚老師的幫助下，我即時反省了自身的錯誤，並即時做了調整。教育孩子，不僅僅是家長一方的事情，也不僅僅是學校老師一方的事情。而是家長和老師，共同努力才能做好的事情。從那以後，我定期和老師電話溝通，不定期還會去學校經常和老師瞭解一下果果的情況，並即時向老師彙報果果在家裡的表現。這樣一來，家長和老師都能相對全面地瞭解孩子，在解決教育過程中的問題時就能遊刃有餘，不會再有無從下手的感覺了。

經過一段時間的教育和引導，果果霸道的毛病逐漸消失了，變得懂事起來，不僅學會了與其他小朋友分享，還懂得了照顧和愛護別人。這一可喜的變化，使我更加懂得教育好孩子，與老師達成同盟，是明智的選擇。

讓老師幫幫忙

自從上次果果打人事件以後，我就意識到了老師的教育力量是絕對不可以忽視的。因此，我一遇到教育孩子解決不了的問題就會虛心請出我的「尚方寶劍」——姚老師出山幫忙。我和姚老師之間逐漸建立了一座特殊的溝通橋樑。在這座橋樑上我們之間的溝通近乎暢通無阻，我們在教育孩子上幾乎成了無話不談的知己。而這座特殊橋樑的建立源自於這樣一個感人而真實的故事。

一位雙腿殘疾的單親母親，有一個年僅三歲的女兒。小女孩天生聾啞，在她的世界裡這個多彩的世界是靜悄悄的。所以，小女孩習慣於一個人悄無聲息地坐在一個角落，獨自「欣賞」著這個奇怪的世界。聾啞讓她喪失了她這個年齡層孩子本該具有的活潑與喧鬧。當這位年輕的殘疾母親將自己的女兒送進幼稚園時，並沒有將孩子完全推給幼稚園老師，而是將自己熬了一個通宵，用廢棄紙盒製作的卡片塞到了老師的手裡。她彷彿交給老師一份重託一樣深深地鞠了一躬，就蹣跚離去了。

老師不解地望著這位母親的背影，打開這張並不精美的卡片一看，卡上認認真真地寫了一行字：請老師多給孩子一點愛和關注，幫助孩子打開沉寂黑暗的心。我真誠地謝謝您！

老師被這位母親的真情深深打動了，以後的日子總會對小女孩額外地多了一些關愛。一年以後，那個聾啞的小女孩再也不會一個人靜悄悄地、孤獨地坐在一個角落裡了，而是學會了和孩子們一起玩耍、一起玩遊戲。

這位殘疾母親的故事，給了我很大的啟發，雖然在改變自己女兒現狀的問題上顯得很無力，但她沒有就此放棄，也沒有把孩子完全交給老師，而是透過一種巧妙的方式來把自己孩子的問題清晰地告訴老師，並請老師幫忙，來幫助她一起解決問題。這樣一來，減少了老師瞭解孩子的難度，縮短了解決問題的時間。

在與老師溝通的過程中，我沒有採取大部分家長的方式，比如生硬地打電話、送禮懇求、對老師唯命是從。而是像這位聰明的母親一樣，採取特殊的溝通方式，巧妙地建立溝通管道。我們之間為孩子建立了一個問題溝通檔案，檔案每週以郵件的形式交流。對於每個問題，我都會詳細提出我的想法，姚老師也會提出自己的意見，然後大家一起來商討解決對策，共同扮演好家長和老師的角色一同解決問題。這樣一來，果果身上很多毛病都無從藏匿，被我們在第一時間就消滅在了萌芽之中。

5、讓孩子在朋友的影響下越變越好

朋友在孩子的生活中充當著非常重要的角色，要想瞭解孩子就要瞭解他的朋友。

夥伴的影響力不可忽視

果果做事有點拖拖拉拉。這一點表現在他寫作業方面尤其明顯。以前讀幼稚園的時候並沒什麼作業，我感覺還不明顯，上國小之後，作業明顯變多，他拖拖拉拉的毛病逐漸凸顯出來，有時候寫作業要花一個多小時的時間。

我規定他每天九點就要睡覺，於是每天吃完晚飯寫作業，每天把作業寫完就到了睡覺時間了，有時到了睡覺時間還有作業沒有寫完，就只能延遲睡覺時間。我一度以為是作業規定太多的緣故，但是和其他孩子的家長交流，發現有的孩子半小時就能做完，有的一小時以內可以做完，也有像果果這樣的，需要一小時以上。看來不是老師規定的作業多，而是果果速度太慢。我為此很著急，日後作業負擔會越重，他可怎麼辦呢？

我有時候陪著他寫作業的時候，他就會快一些，但是我不陪著，他就慢下來。

我不陪著的時候曾經偷偷觀察過，他小動作太多，一邊寫作業，一邊咬鉛筆上的橡皮擦，或者把書的插圖塗成別的顏色，或者在書上畫個娃娃，還不時地把十根小手的指甲染得黑黑的，然後覺得髒了再去洗洗手，就這樣，完成作業的時間不長才怪。

為了寫作業的事，我常常嘮叨他，但是一直沒有什麼改觀，我只好盡量陪著他寫作業。不過聽人說陪孩子寫作業的弊端很多，尤其不利於培養孩子的獨立自主，容易讓他產生依賴思想。果果就養成了對我的依賴，寫完了往我面前一放：「我寫完了，媽媽幫我檢查。」自己檢查作業的能力得不到提高，考試的時候因為不善於檢查，犯了很多簡單的錯誤。

有一次，社區另一個小朋友糖糖的媽媽給我打電話，說她臨時有事，家裡又沒人，託我順便幫她接一下孩子。糖糖和果果同齡，果果小的時候，我和糖糖的媽媽就經常一起交流經驗。後來糖糖和果果一起上幼稚園，一起上國小，不過不是同一個班級，但是平時放假的時候，果果也時常和糖糖一起在社區玩。讓我幫忙接孩子其實也是舉手之勞，我當即答應了。

糖糖是個文靜的小女孩，據她媽媽說成績還不錯。我在校門口先接到了果果，然後就看到糖糖從裡面出來，張望著可能是在找她媽媽。我走過去跟她說明了情況，然後帶著兩個小傢伙來到我家。

到了家我給他們倒了果汁，糖糖很有禮貌地跟我說謝謝。果果心安理得地接過就喝，還一邊打開電視要看動畫片。糖糖卻對我說：「阿姨，我每天回家都要先寫作業，我可以寫作業嗎？」

女孩子就是乖，我趕緊說：「當然可以了，妳在客廳寫吧！」然後我命令果果關電視，不能打擾糖糖。果果也不好意思了，把電視關了。

糖糖還不忘問果果：「你怎麼不寫作業呀！」

果果回答說：「我也要寫作業的，我現在就寫。」

看來這孩子想在小夥伴面前表現得好一些。平時我怎麼叫他先寫作業他都不聽的。早知道我天天把糖糖接到家裡和他一起寫作業。

兩個小傢伙就在客廳桌子上寫作業。我準備做飯，偶爾跑去偷偷觀察一下他倆。糖糖寫作業的時候心無旁騖，果果呢？還是看看這裡、看看那裡，咬咬鉛筆、摳摳手。這個現象被糖糖發現了，她對果果說：「寫作業的時候不能做其他的事情，不然會寫錯的。」

果果聽了又不好意思了，低頭認真寫起來。當他心不在焉的時候，看到糖糖那麼專心，就把心思轉移到寫作業上面了。

大約半小時，糖糖寫完了，檢查了一下，又改了改，然後裝進了書包，順手拿出一本童話書來看。果果見她寫完了，有點著急，加快了寫作業的速度。不一會兒，居然也寫完了。

寫完之後，他想讓我檢查，我叫他先放著，等我做完飯再幫他檢查。沒想到糖糖自告奮勇，要幫果果檢查。不知道是不是怕錯的太多被糖糖笑話，果果拒絕了，說：「還是我自己檢查吧！」哈哈，我在一旁偷樂著，這孩子在女孩子面前果然很好面子啊！

還不到吃飯的時候，糖糖就被她媽媽接走了。我送她們到門口，回屋的時候，果果又打開了電視。我去檢查他的作業，錯誤明顯減少——因為他自己已經檢查一遍了。

我把他好好表揚了一番，心想，要是糖糖天天來我們家陪果果寫作業就好了。

充分發揮小朋友的作用

糖糖來家那一次之後，我就給糖糖的媽媽打電話，跟她商量可不可以每週讓糖糖來我家和果果一起寫作業，因為糖糖實在是個好榜樣。糖糖的媽媽同意了。自從有了糖糖這個作業夥伴，果果寫作業的速度加快了，三心二意的習慣也有所改觀，寫完也知道自己先檢查檢查，最主要的把我給解放出來了。

從寫作業這個事情，我體會到同伴的影響力很多時候比父母的影響力還要大。因為孩子們都希望能在同伴面前呈現好的一面，見到比他表現好的夥伴，還能激發他不服輸的精神，不希望比別人表現得更好。所以，我覺得媽媽們要想使自己在教育孩子的時候更省點力氣，不妨給孩子找一些優秀的朋友，小朋友們在一起玩耍或者學習，孩子自然會越來越優秀了。

當然，也要警惕孩子交上一些不好的朋友，近墨者黑，孩子也會在不知不覺中染上惡習，到時候要糾正就難了。

6、帶孩子一起參加公益活動

帶著孩子一起參加公益活動，幫助更多需要幫助的人，可以讓孩子更有愛心和責任感。

果果第一次「節水賑災」活動

現今身邊各式各樣的公益活動讓人眼花撩亂，什麼環保的、賑災的、助人的，大型的、小型的，官方的民間的，聽多了看多了，似乎也麻木了。以前還是單身的時候挺熱衷於這一類的活動，後來結婚了就參與的少了。有了果果之後，基本上變成沒有參加過。總覺得那些活動是閒暇人的專利，我的時間被工作和家庭佔得滿滿的，根本無暇顧及那些。

果果也參加過一些公益活動，都是學校舉辦的，比如去老人院看望老人，去社區撿垃圾之類的。也就是說，我沒有帶果果一起參加過什麼公益活動。

我們這裡有一個為兒童們打造的、由兒童自己管理並進行職業體驗的高級兒童室內娛樂場所。剛開業的時候，我帶果果去玩過一次，他非常喜歡。後來這裡舉辦一次大型的「心繫災區．節水募捐」特別活動，我也收到了資訊。我考慮要不要帶果果去，想來想去還是決定帶他去。畢竟為災區盡點綿薄之力也是我們應該做的，趁機也可以讓果果受到教育。

在節約用水方面，我們也經常教育果果，但效果似乎不明顯，主要是僅憑我們給他講道理，他感受不到水的珍貴，就沒有珍惜的意識。如果讓他在活動的氛圍中有一些親身體驗，可能效果會好得多。

帶著這些目的，我帶果果去了。這次活動主要是召集孩子們募捐善款，與災區同胞攜手抵抗旱災。主辦單位還專門邀請親子節目主持人擔任活動的嘉賓主持，果果看到主持人激動得很，拉著我的手興奮地說：「媽媽媽媽快看，主持人哥哥耶！」說實話，我已經過了追星的年齡了，不過還是要配合一下果果激動的心情，故作驚訝地說：「啊！是嗎？真的呀！」

活動主要是以孩子們為主，先是孩子們舉行公益議案討論會。聽主持人講述旱區的受災情況後，議會最終決定透過銷售賑災義演門票，和義賣礦泉水的方式募集善款用於幫助遭受旱情的災區人民。議會結束後，還有「節水賑災」義演、知識問答、互動遊戲等等。果果全程都很踴躍地參與，積極舉手回答問題，積極舉手上臺做互動遊戲。

回家的路上果果一直在跟我討論活動的情形，我問他學到了什麼，他認真地思考了一會兒，對我說：「媽媽，我以前沒有節約用水，從現在開始，我會節約用水，還會監督爸爸媽媽和小朋友們，不許你們浪費每一滴水，還要省下我的零用錢，存起來，一起寄給災區的小朋友！」果果這麼說，我著實很吃驚，沒想到這個活動對他影響這麼大。當然，我更高興的是，以後不用我再嘮嘮叨叨跟他講節約水電的大道理了。

公益活動讓孩子更成熟

我曾經以為真正的公益活動是大人們做的事情，需要時間、精力和金錢才行，孩子們參加公益活動其實就是做樣子的。但是這個活動改變了我的想法。公益活動不但讓孩子能接觸到更多的事物和道理，也有助於在教育上發揮輔助的效果。與其讓孩子看書學習，不如多參加一些這樣的活動，能讓他們學到很多課本之外的知識，也能多學習樂於助人、多做好事的道理，總之對孩子的成長是有好處的。

而且，帶孩子參加公益活動其實也是給他們承擔社會責任的機會，讓他們更早成熟起來。孩子們有時候也很希望透過做些事情來證明自己的存在，證明自己的力量。

做公益的方式有很多，我們可以有選擇性地挑選一些，讓孩子參與其中。比如帶孩子為社區裡的老人唱歌、跳舞，去植樹，給有困難的人提供幫助……等等，都是孩子能力所及的方式。相信在這些活動中，孩子會變得更加自信，更有愛心和責任心。

要相信，任何孩子，不管學業成績如何、在學校表現如何，只要肯付出、樂於奉獻，就能找到快樂，就能在幫助他人的過程中獲得滿足，體會到自己的價值所在。

7、讓孩子愛上閱讀

讓孩子愛上閱讀，讓他和更多有想法的人對話，這會讓媽媽們教育孩子的時候更省力。

喜歡讀書的孩子更省心

糖糖來我家做幾次作業之後，我對這孩子是真心喜歡。她聰明懂事，文靜還很會說話。當年還是小嬰兒的時候，她和果果並不見有多大區別，都是白白胖胖的。怎麼隨著時間的流逝，孩子之間的差別就這麼明顯呢？當然，果果整體而言表現也不差，但總覺得還有很大的發展空間，也就是說，可以做到更好。我真羨慕糖糖的媽媽，也很佩服她，不知道她怎麼把孩子教育得這麼好。

某天，我和果果在社區廣場玩，正好碰到糖糖和她的媽媽。兩個孩子玩在一塊兒，我們坐在一旁聊天。我由衷讚美了糖糖一番，讓糖糖媽傳授我一些教育孩子的秘訣。

糖糖的媽媽面對我的討教有點不好意思，說：「哪有什麼秘訣，可能糖糖是女孩子，比較文靜聽話一些，果果是男孩子，自然會淘氣一些。」

我覺得這不是男女的差別，這是氣質的差別，糖糖是淑女，果果卻離「紳士」差得遠呢。糖糖的媽媽想了想，說：「如果真要說有什麼秘訣，我想，讓孩子多讀書吧！糖糖就很喜歡讀書，所以我省了不少心。」於是糖糖的媽媽給我講起糖糖的讀書史。

糖糖一歲多的時候，爸爸就開始給她讀故事書。每天晚飯後，一家三口就在一起讀書，爸爸和媽媽輪流讀，媽媽讀的時候，爸爸和糖糖一起聽，爸爸讀的時候，媽媽和糖糖一起聽。

兩歲以後，他們就讓糖糖自己看書了，主要是圖畫故事書。她說起糖糖那時候特別喜歡《小兔湯姆成長的煩惱》，百看不厭。這本書的男主人是一隻小兔子，但過的完全是人類的生活，孩子成長過程中可能遇到的事情，包括上幼稚園、去醫院、跟媽媽逛街、去海灘度假等，都有栩栩如生的紀錄。糖糖透過看這本書，對現實生活有了更多的瞭解，後來遇到一些小問題，比如生病啦，去幼稚園啦，糖糖都會說起那隻小兔子，因為在書裡看過，當她自己遇到類似的問題她就知道要怎麼做了。無形中，媽媽省了很多事。

糖糖認識注音符號之後，媽媽除了給她買圖畫書，還給她買一些有注音的故事書。透過讀書，糖糖不僅在知識上學到了許多，而且慢慢有了自己的是非觀念，什麼是好的、什麼是不好的，書上都有說。媽媽跟她講道理，她很容易就聯想到看過的書，接受起來也顯得容易一些。

另外，個性方面也一直比較穩重，上學之後適應學校的生活也比較快。看書看多了，累積的語言詞彙也多了，說起話來頭頭是道，有時候覺得媽媽不對還會和媽媽爭辯。說到這裡，糖糖的媽媽不由自主地笑了。

糖糖媽媽說到現在，糖糖差不多讀了有200本書了。聽了這個數字我十分驚訝，看來果果差的不是一點點。

讓書籍幫我們教育孩子

和糖糖媽媽的一番談話，讓我想起之前看過的德國大詩人歌德說過的話：「讀一本好書，就等於和一位高尚的人對話。」那麼，如果孩子喜歡讀書，是不是就相當於每天都和高尚的人對話呢？在這個過程中，孩子不就自然而然受到教育了嗎？因此我決定，要好好培養果果的閱讀習慣，從現在開始應該不晚。

都說書籍是人類的智慧寶庫，因為歷史上那些偉人的思想和智慧，都像寶藏一樣，存在於書籍這座寶庫之中。要想獲得這些寶藏，唯一的方式就是閱讀。如果我們能幫助孩子養成良好的閱讀習慣，那無異是幫助孩子推開了這個寶庫的大門，對於增長孩子的見識，培養孩子的品格、陶冶孩子的情操，都是有重大意義的。

現在很多孩子著迷於電視和網路，缺少閱讀的興趣，是值得父母警惕的。電視網路雖然也能增長孩子的見識，但在思想深度上畢竟不如書籍。因此，父母要讓孩子知道閱讀的重要性，培養他們對書籍的熱愛，讓他們享受閱讀的快樂，並有所收穫。

同時現在市場上的書籍浩如煙海，品質參差不齊，父母可以讓孩子在自己的興趣基礎上選擇閱讀，也可以幫孩子選一些好書進行閱讀。如果可能，父母們和孩子一起閱讀，既有利於增長知識，又有利於培養和孩子的親密關係，還能豐富自己的休閒時間，真是一舉數得的事情。

8、讓電視和網路也發揮作用

當我們用心尋找，會發現電視也好、網路也好，都有一些精華的東西可以供我們享用，幫助我們教育孩子。

網路不是洪水猛獸

在傳媒發達的今天，資訊如洪水般灌進了我們生活中的每一個角落，讓人即便「閉目塞聽」也難以免受其「干擾」，電視和網路這兩大傳媒工具著實讓我們的生活吵鬧了不少。果果這一代孩子，對新鮮事物接受和學習能力上要遠遠超過我們那一代人，在某些方面這些小不點的超強認知能力，往往超乎我們的想像，讓我們驚訝得跌破眼鏡。

果果在一歲多就能關閉開啟電視，三歲左右就能自己開啟和關閉電腦了，這些技能的學習完全是在生活中對大人動作的自發模仿。如今四歲的果果，快成了電腦迷，一放學，就拉著大人打開電腦。起先覺得果果只是好奇，後來隨著小傢伙技能的提高，不經意間學會了打開網頁，看到喜歡的圖片，高興得不得了。這一下子我才警覺了起來。

這怎麼得了？網路上什麼都有，果果還這麼小，人生觀、價值觀沒有成熟的他，萬一學壞了怎麼辦？於是，從那以後我在家裡頒布了一道「一週只能玩一次電腦，而且玩電腦時要有大人陪著玩」的限玩令。限玩令的頒布並沒有發揮良好的效果，反而激起了果果強烈的叛逆心理。被限制的果果反而更加對電腦感興趣，如果不按照自己的意願開電腦，就會以哭鬧示威，惹得家裡終日雞犬不寧，奶奶敵不過果果哭鬧只能妥協。

對於四歲的果果對電腦有如此強烈的好奇心，我們深感困惑。無奈之下我只能求助專家的幫助。一位在育兒領域有資深經驗的教育專家給了我以下建議：

網路不是洪水猛獸，對於孩子過早接觸網路不必過於緊張。家長首先要從自身擺正對網路的認識。網路的重要性越來越被人們所認可，網路中雖然有一些不好的資訊迷惑和誤導著很多辨別能力低、自制能力差、心智尚未成熟的孩子們，但是家長們如果能夠做出適當引導，透過網路不僅能夠讓孩子學到很多有用的知識，而且對於孩子開發智力，訓練表達能力將大有益處。

家長可以從以下幾方面來引導孩子：

1.將網路視為一本大百科全書。對寶寶說，網路是一本百科全書，有不懂的都可以在上面查到答案。讓寶寶學會不懂就問的好習慣。

2.介紹寶寶認識郵件功能，教會寶寶學會寫信和發郵件。讓寶寶學會用郵件的形式與人溝通。

3.利用聊天工具，讓寶寶加入同學聊天群，提升語言表達能力，訓練敏捷的思維能力。

4.讓寶寶養成每日閱讀新聞的好習慣，多瞭解時事動態。

5.教會寶寶使用搜尋引擎，訓練獨立學習的能力。

對於專家提出的這些建議，我反思了一下自己的行為，覺得自己用強硬方式壓制孩子的興趣是愚蠢的。社會複雜，網路有「染」，保護孩子最好的方式不是逃避這些，而是要有智慧地學會面對這些。教會孩子怎樣正確地使用網路，怎樣辨別網路大千世界中的是是非非。怎樣規避不利的因素，怎樣利用有用的網路資源，才是正確的。

孩子不可能活在真空「無菌」的世界中，家長亦不可能時時將孩子僅僅控制在視線範圍內，唯一的辦法就是教會孩子如何正確使用這些工具。想清之後，我立刻取消了限制果果上網的要求。而是有計畫地開始引導果果怎樣來認識網路。

當果果在公園中看到蝴蝶時，我就會跟他講，這是蝴蝶，網路大百科全書中還有很多種蝴蝶，它們可是一個龐大的家族，我們回家上網查一查吧！每每這時，果果總是很開心地同意。

假期，每當果果想念同學和老師時，我就會說你有什麼要說的，可以說出來，媽媽替你寫一封信給老師和同學，問問他們在做什麼？有沒有也在想念果果？每當收到同學和老師的來信時，果果總是異常地開心。這樣一來，果果上網的興趣逐漸轉移到了我所引導的方向上來。過了一段時間，隨著對電腦認識的深入，果果不再像以前那樣好奇了，而是漸漸地把電腦視作一種有用的工具而已，看來，引導的效果果然很大。

找幾個適合他看的節目

果果在一歲八個月時就會自己開電視了，每當自己在小鴨鴨座便器上拉便便時，總會一邊看動畫片，一邊拉便便。起先，果果還不能很好地獨立拉便便，無意間我們打開電視一邊吸引他一邊讓他能夠老實地做完這件事。後來，電視成了他拉便便必不可少的輔助工具。再後來電視成了果果尋找樂趣的最好工具。

對於看電視，大人自然有大人喜歡看的，孩子也自然有孩子喜歡看的。有時候下班回家，我為了看自己喜歡看的節目，就忽視了果果的感受。自己看得津津有味，果果在一邊也跟著看。雖然剛開始果果總會說，不看這個，但是電視癮上來後，我總會哄騙他說，這個是最好看的節目，一會兒就有小動物出來了。

其實，小動物通常不會出來，因為我看的往往是生活劇，偶爾出來幾條狗倒是有可能。果果總會滿懷期望地等待著，等一會兒沒看到就會繼續說不看這個。這種場景，被老公看到了，他狠狠地指責了我。他認為我不顧及孩子的成長，不應該讓孩子過早看這些，而是應該給孩子選擇幾個適合他的節目來看。老公的話，一下點醒了我。

果果處在模仿能力非常強的階段，不是任何節目都適合他看。如果這個時候讓他在視覺聽覺上過多地接觸成人世界將不利於他的成長。我應該很認真地為他選擇一些適合的節目來看。經過一番精挑細選，我終於選擇了一些適合果果看的節目。下面我為各位父母朋友介紹一下我所做的選擇。

我為果果選的第一個節目就是關於寶寶學習和遊戲的節目。它不僅能夠開發寶寶的想像力和創造力，還會透過真實紀錄讓寶寶學會很多知識。比如有一個記錄寶寶剪頭髮的片子，果果看了以後，就有很大改變。

以前為果果剪頭髮很費心，每次他就像受到傷害一樣大哭大鬧，讓我們不忍下手。有時候頭髮剪到一半就再也進行不下去了。看著果果一臉的頭髮渣和一臉的淚水，讓我們既感到好笑，又很無奈。

果果看到這個節目時，我對他說：「你看，哥哥也剪頭髮了，哥哥就沒有哭，小孩都要剪頭髮的，一點事也沒有。」從那以後，果果剪頭髮時不再哭了，小嘴裡還嘮叨著：「哥哥也剪頭髮了，不哭，小孩都要剪頭髮的。」

我為果果選的第二個節目就是親子頻道。親子頻道裡會有大量的動畫片，我會選一些經典的讓果果看。對於那些暴力性較強的動畫片我還是不會讓果果看的。動畫片讓果果能夠體會到人世間童趣可愛的方面，激發果果的天真智慧。

我為果果選的第三個節目就是音樂頻道。音樂是陶冶人類靈魂的清泉。無論是大人還是小孩概莫能外。果果雖然還是孩子，但是對於音律優美的經典音樂歌曲總會陶醉其中，並能隨著音樂的旋律揮動著自己的小手，舞上一曲。音樂不僅能夠使果果陶冶心靈，還能夠培養果果的音樂細胞，使小傢伙生活在優美旋律之中。

每當果果看電視時，我們家長就會捨棄掉自己的嗜好，為果果挑選適合他的節目，等果果睡著了，我們才看自己喜歡的頻道。我想，孩子教育事大，做出這樣一點犧牲，每一位愛子心切的家長都能做到的。等寶寶長大一些，再為寶寶選擇適合他的節目來看。每一個階段，我們都應為孩子做好準備。

9、社區是個大家庭

其實社區裡面有很多資源，對我們教育孩子大有益處，可以好好利用。

遇到「太極拳爺爺」

暑假的時候，有天傍晚，吃過晚飯我帶著果果在社區裡散步。走到一個小花園，我們坐在長廊下的椅子上乘涼，看到一位老先生在旁邊的廣場打太極。老人家很專注，一招一式，都十分到位，一看就是很有功底的。果果也看到了，跑過去站在一旁，看得很起勁。

老先生打完一段，停下來歇息的時候看到了站在一旁的果果，笑著問他：「小傢伙，看得這麼起勁，想不想學？」果果見老爺爺注意到他，有點不好意思，也不回答人家，跑到我身邊。

我見狀，急忙跟果果說：「你這孩子怎麼這麼不懂禮貌呢？爺爺問你話，就要好好回答。」

果果這才回答說：「我想學。」

老先生聽了哈哈笑，對果果說：「那你過來，我教你！」

果果看看我，想徵求我的意見。我一想，這也沒什麼不好的，果果想學而且老人家也願意教，我有什麼理由反對呢？於是我點點頭，表示同意。

果果真的就過去了，老先生也真的一招一式親手教了起來。大概教了半個小時，見果果也累了，老先生對果果說：「今天就教到這裡吧！你要是想學，明天我還在這，你來我就教，怎麼樣？」

果果還是看看我，看來他是想學的。我不想給老先生添麻煩，就說：「那怎麼好意思麻煩您啊！」

老先生說：「沒事沒事，我也沒什麼別的事情做，每天傍晚打打太極鍛鍊身體，這孩子要是想學，就過來，教教小孩子還挺有意思的。」既然他這麼說，我就樂得同意了，急忙讓果果跟老爺爺說謝謝。

晚上回到家，果果還在家比劃新學的太極拳，果果爸聽我說了在花園遇到老先生的事情，還打趣地說他：「喲，果果，咱要不要弄個拜師儀式啊！要不明天去給爺爺磕個頭吧！」

果果聽了問：「什麼是拜師儀式？媽媽，真的要給爺爺磕頭嗎？」

我笑著說：「那你明天問問爺爺吧！」

第二天傍晚，吃過晚飯果果就拉著我要去找「太極爺爺」。正好果果爸也沒事，我們一家三口就一起去了。老先生果然守信，在那裡正練著呢！果果要過去被我制止了，我們坐在旁邊看他打完一段，中場休息的時候，才讓果果過去。

老先生見果果來了很高興，果果問：「爸爸要我給爺爺磕頭。」

老先生對我們說：「不用不用，我也不是什麼專業的，還不夠收徒弟的資格，帶小孩子一起練練也算是找個樂子。」然後又教起果果來。

第三天果果還去，因為也熟悉了，我就沒有陪他。後來聽說除了果果，老先生還收了三、四個小孩子一起學習太極拳。經過一個暑假的學習，果果的太極拳打得有模有樣了，不僅如此，果果還跟我們講了爺爺教他們的健康小常識。

社區裡的教育資源很豐富

相對於家庭環境而言，社區環境是孩子生活的大環境。社區裡的風氣、文化、輿論等都會對孩子發揮著潛移默化的影響。因此，我們可以用心發現，努力爭取利用好社區裡的資源來幫助我們教育孩子。

經過我的仔細觀察，社區裡可利用的資源還真不少。比如對果果這樣的獨生子女而言，社區裡鄰里之間的交往，尤其是與同齡夥伴的交往對他們社交能力的培養很有好處，也能使他們的課餘生活更豐富多彩；比如社區裡還有遊戲場地、健身場地，孩子們可以自由玩耍；

社區裡還有各式各樣的花草樹木，社區裡雕像、社區裡的汽車，甚至社區裡的保安叔叔都能讓果果增長見識，學習到知識。之所以我有這些感受，是源自於社區裡一個叫妞妞的五歲小女孩。

一個陽光明媚的晴朗週末，社區裡的家長都會帶著自己的寶寶來到社區廣場綠地上曬太陽。大人們三、五成群地在一起說家常，孩子們則唧唧喳喳地玩耍著。這時，我無意中看到了社區中名叫妞妞的小女孩。她沒有和其他小朋友一樣在玩自己的玩具，而是，走到社區裡一尊聖女像的雕塑面前，好奇地觀察了起來。

她那張稚嫩的小臉，流露出深深的疑惑，小嘴裡還在不停地嘟囔著什麼。妞妞的爸爸沒有注意到她的舉動，我走了過去，問：「妞妞，妳盯著這尊雕像看什麼？」

「她叫什麼名字？她是從哪裡來的？」妞妞一連串的問題，讓我感到很驚訝，小傢伙的好奇心果然很重。我開始耐心地給她一一做了解答。這個時候，妞妞的爸爸過來了，對於妞妞的好奇心我們聊了起來。

妞妞的爸爸說：「其實最開始，妞妞並沒有這麼重的好奇心，而是透過我們對她的引導訓練培養出來的。」

「怎樣培養呢？」我好奇地問道。

「別小看我們生活的這個社區，這裡面可有著豐富的教育資源。每一件設施，每一個小朋友都可以做為教材，來引導孩子學習。剛開始妞妞並不在意這些，但是我總會將每一樣東西最美的地方介紹給妞妞，讓她細心觀察，看看能不能發現大人所說的美麗。不得不承認寶寶的觀察能力要遠遠勝過大人，有時候妞妞看到很多往往被我們大人所忽略的東西。這更加激勵了我開發她好奇心的慾望。於是，一點一點地，妞妞對社區裡的每一件事物都充滿了觀察的好奇心。自然而然，小傢伙累積的知識越來越多了。」

妞妞爸爸的一席話，讓我很感慨，這使我看到，只要用心，就能挖掘到很多平時容易被我們所忽略到的資源。看來對待果果，我也應該有新的計畫了。社區裡這些教材，果果似乎完全漠不關心，怎樣才能引起他的關注呢？於是我採取了以下措施。

首先用果果感興趣的小東西，將果果的注意力吸引到目標物上。然後用語言描述出目標物孩子感興趣點，比如「果果，兩隻小昆蟲在說話」，然後再介紹目標物，「瞧，小昆蟲剛剛還在綠綠的小草上說悄悄話，它們一下飛走了，小草用綠綠的手臂和它們說再見呢！咦，小草是不是也在說話？果果你來聽聽。」

與寶寶交流時，最好用孩子的語氣和寶寶交流引導，而不是用大人生硬的教導式語言來描述，這樣寶寶會更感興趣，效果也比較明顯。經過一段時間的引導，果果對社區裡的事物也逐漸感興趣起來，有時候他會像一個小科學家一樣認真地觀察社區裡的每一件事物了。

國家圖書館出版品預行編目資料

愛孩子，是一種修行 / 陳淑珍著.
－－第一版－－臺北市：知青頻道出版；
紅螞蟻圖書發行，2013.7
面　公分－－(福樂家；6)
ISBN 978-986-6030-69-7（平裝）

1.親職教育 2.親子關係

528.2　　102011368

福樂家 06
愛孩子，是一種修行
作　　者／陳淑珍
發 行 人／賴秀珍
總 編 輯／何南輝
美術構成／Chris' office
校　　對／周英嬌、楊安妮、朱慧蒨
出　　版／知青頻道出版有限公司
發　　行／紅螞蟻圖書有限公司
地　　址／台北市內湖區舊宗路二段121巷19號（紅螞蟻資訊大樓）
網　　站／www.e-redant.com
郵撥帳號／1604621-1　紅螞蟻圖書有限公司
電　　話／(02)2795-3656（代表號）
傳　　真／(02)2795-4100
登 記 證／局版北市業字第796號
法律顧問／許晏賓律師
印 刷 廠／卡樂彩色製版印刷有限公司
出版日期／2013年 7月　第一版第一刷

定價 250 元　港幣 83 元

ISBN 978-986-6030-69-7　　Printed in Taiwan